学科核心素养测评丛书

普通高中学科核心素养测评：命题、测量与分析

通用技术

顾建军　管光海◎主　编

北京师范大学出版集团
BEIJING NORMAL UNIVERSITY PUBLISHING GROUP
北京师范大学出版社

图书在版编目(CIP)数据

普通高中学科核心素养测评：命题、测量与分析.
通用技术 / 顾建军，管光海主编. --北京 ：北京师范
大学出版社，2025.6. -- ISBN 978-7-303-30005-1

Ⅰ. G633

中国国家版本馆 CIP 数据核字第 2024ER0135 号

出版发行：北京师范大学出版社 https://www.bnupg.com
　　　　　北京市西城区新街口外大街 12-3 号
　　　　　邮政编码：100088
印　　刷：保定市中画美凯印刷有限公司
经　　销：全国新华书店
开　　本：787 mm×1092 mm　1/16
印　　张：10.5
字　　数：224 千字
版　　次：2025 年 6 月第 1 版
印　　次：2025 年 6 月第 1 次印刷
定　　价：37.50 元

丛书策划：胡　宇　　　　策划编辑：胡　宇
责任编辑：宋　星　　　　美术编辑：王　蕊　胡美慧
责任校对：陈　荟　　　　责任印制：孙文凯

丛 书 序

2018 年，普通高中课程标准（2017 年版）正式发布，标志着中国基础教育课程改革进入新阶段。新阶段的标志是以发展学生核心素养为导向和切入口，落实立德树人根本任务，全面推进素质教育，实现育人方式的变革，提高基础教育质量。

2019 年，联合国教科文组织发布了系列推动课程改革的文件，包括《重新定义和定位 21 世纪的课程》《未来的素养和课程的未来》《教学、学习和评价变革》，反映了全世界对学生核心素养发展的重视。为实现育人方式的变革，普通高中课程标准修订工作在 20 年基础教育课程改革实践的基础上，合理吸收国际成功经验，结合中国国情，在两大方面取得突破：一是以核心素养为纲，构建了普通高中 20 门学科的课程标准，每门学科凝练了学科核心素养；二是创建了基于学科核心素养的学业质量标准。

普通高中课程新标准中提出的核心素养不是简单的知识或技能，而是以学科知识、技能为基础，运用学科观念、思维模式和探究技能，在分析情境、提出问题、解决问题、交流结果的过程中所表现出来的综合性品质；是整合了情感、态度和价值观在内的，能够满足特定现实需求的综合性表现。核心素养是后天教育的结果，有别于人的潜在能力。

学生核心素养的培养必须与学校教育紧密相连，并落到实处。为建立核心素养与课程的内在联系，充分挖掘各学科课程对于学生成长和终身发展的独特贡献，各学科课程标准修订组基于学科本质和对核心素养本质的理解，凝练了本学科的学科核心素养。学科核心素养是学生面对复杂的、不确定情境或挑战时，综合运用所学的学科知识、观念、方法解决实际问题所表现出来的正确价值观、必备品格和关键能力，是核心素养在特定学科的具体化，是学生学习一门学科之后所形成的、具有学科特点的关键成就，也是学科育人价值的集中体现。

学科核心素养的提出，体现了学科知识观的根本转型，明确要求学习方式和教学方式必须进行变革。基于核心素养的教学，要创设与现实生活紧密关联的真实问题情境；提出以问题解决为导向的学习任务；开展项目学习、研究性学习等自主、合作、探究的建构式学习，让学生通过亲身参与学科实践而学习学科，在此过程中理解学科重要概念，发展学科实践力。同时，对学生学习成就的关注，由过分关注结果走向更加关注过程，也使教学从只关注学生对具体而零散的知识点的掌握，转向关注学生对学科重要概念的理解。

　　传统的学科教育过分关注学科知识，纠结于学科知识的容量、难度；对所教学科的知识点和训练点烂熟于心，而对学科的本质和教育价值却往往忽视；对学生通过本学科的学习要形成哪些核心素养以及怎样形成这些素养不甚了解。学科核心素养正是破解这个问题的钥匙，即由原来追求学科知识全覆盖，转化为对学科重要概念的深度理解，让学生在真实问题情境中，持续探究，深化对学科概念的理解，并将学科知识转化为解决问题和创新的能力。

　　"学科核心素养"是学业质量标准研制的关键，涉及四个方面的要素：一是学科核心素养和学科课程目标的关系；二是学科核心素养的确定和命名；三是每个学科核心素养的界定和阐述；四是每个学科核心素养的主要表现。将上述四个方面的要素梳理、阐述清楚，就为学科核心素养的水平划分奠定了基础。素养水平的划分，是根据学生在学科核心素养上质的螺旋上升来确定各水平的具体描述，而不是传统地、简单地用"非常、比较、一般"等副词来描述水平的差异。素养水平的划分，应该采取一种整体观，不同水平是深度和广度上的差异，而不是部分和整体的关系，水平的差异还应对应问题或情境复杂程度的不同；不同素养水平之间应有着螺旋上升的递进关系。

　　普通高中课程标准（2017年版）提出的"学业质量标准"，不是传统意义上所认为的"学业"标准，它不是完全采用讲授法进行教学所获得的学业成就，不是只考评孤立的学科知识点的多少或技能的深浅，也不是采用现有纸笔考试的理念和形式进行的评价等。课程标准关于学业质量的定义是：学生在完成本学科课程学习后的学业成就表现。某学科学业质量标准，是综合了本学科不同核心素养的水平特征，结合本学科课程内容，对学生学业成就表现的总体刻画。学业质量水平必须基于核心素养的水平，依据结构化的课程内容，以学科核心素养及其水平为纲，以学科内容为目，结合各部分具体教学内容，描述学生学习的典型行为，并依据学科核心素养的水平，对学业质量进行水平划分，形成基于核心素养的学业质量标准。

　　学业质量标准既是指导学生自主学习和评价，教师开展日常教学设计、命题和评价的重要依据，也是用于高中毕业的学业水平考试和用于高等院校招生录取的选拔性考试命题的重要参照。在日常教学中，教师应依据学业质量标准，把握人才培养要求，把握教学的深度和广度，提高教学设计和实施水平；帮助学生学习，进行过程性学业评价。同时，学业质量标准也为各级各类考试和评价研制工具，提供上位的理论框架和水平依据。

　　学科核心素养是否可测可评，以及水平划分的适切性，关系到学业质量标准的科学性和实用性，需要通过大规模测试来验证。受教育部原基础教育二司委托，原教育部基础教育课程教材专家工作委员会承担了普通高中学科核心素养的测评工作。测评的科目是：语文、数学、英语、思想政治、历史、地理、物理、化学、生物学、信息技术、通用技术、音乐、美术、艺术、体育与健康、日语、俄语、德语、法语、西班牙语20门学科。组建了学科核心素养测评综合组和20个学科核心素养测评组，综合组是测评工作的顶层设计者和具体测评工作的组织者，参与该测评的专家约260人。

2015 年 7 月至 2016 年 5 月开展了各学科核心素养的测评工作。

第一次探索关于学科核心素养的测评，面临着创新的挑战，特别是用纸笔测试的方式去测素养，对其局限性和片面性有着清醒的认识，但是，也不能判定纸笔测试在素养测评方面完全不适用。创立一个基于新的知识观、质量观的学业质量标准系统，需要探索、挖掘各种测评方法和技术在素养测评上的可能性。纸笔测试即为其中一种，也是极为重要的一种。但鉴于其局限性，对于纸笔测试结果数据的解释与运用，要有清晰的界定，不能滥用。同时，也要创造性地开发非纸笔测试。为统一认识，强调测评工作要突出体现立德树人的导向，重点考查学生运用所学知识分析问题和解决问题的能力，围绕如何测评素养，创新试题形式，特别是在加强情境设计，联系社会生活实际，通过试题考查和判断学生素养发展的典型性行为表现等方面，展开了深入研究和大胆探索。

为保证测评工具的有效性，各学科核心素养测评组研制了学科核心素养测评框架和命题指南，明确了学科测评目的、测评依据、命题要求、题目信息提交表、样题示例等。同时，从学科核心素养、学科内容、测评情境、任务类型、题目数量等角度整体架构，保证命题思想和命题结构的科学性。为保证命题质量，学科核心素养测评组命制不少于 3 倍题量，通过内审、预测试、学生访谈等方式进行筛选和打磨，力求测评工具的科学性。

为保证命题质量，特邀请教育部考试中心，对各学科书面测试题目进行政治性、科学性和规范性等方面的审核。其中 14 门学科的试题由教育部考试中心统一组织外审，6 门学科按要求自行外审。试题外审的结论认为：绝大部分题目都体现了较高的质量，建立了以核心素养为目标的测评体系，优化了试题的情境设计，问题呈现准确、简明、适度，所选内容符合课程标准的要求等。同时，也反映出，某些题目还存在命题情境设计的代表性不够、试题难度高、评分标准有待完善等问题。

为保证样本的代表性，测评采用不等概率二阶段分层抽样方案设计。选取浙江、甘肃两省 60 所学校高二年级学生，为语文、数学、英语、物理、化学、生物学、历史、地理、政治、信息技术、通用技术、音乐和美术 13 门统一测评学科的测评对象；为增强代表性，还增加了北京、上海、江苏、浙江、甘肃等地 10 所高中学校的高三年级全部学生，纳入统一测评。日语、俄语、德语、法语、西班牙语、艺术、体育与健康、通用技术 8 门自行测评学科，根据学科需求，选取了 19 个省（自治区、直辖市）的 60 所学校。正式测评使用的纸笔试卷共 100 套，涉及 3.6 万余人次；非纸笔试卷 45 套，涉及近 2000 人次。

为聚焦验证学科核心素养具体描述的准确性和水平划分的合理性，开创性地开展了"盲审"工作，即邀请了一批不了解学科核心素养描述的外部专家，对该学科核心素养，按自己的见解，重新描述其素养特性，以寻求学科核心素养描述与外部专家对该核心素养描述两者之间的一致性。盲审专家根据学生测试实际表现的水平，重建了对学科核心素养水平的描述。在此基础上，学科核心素养测评组和学科课程标准修订组专家，将盲审专家的描述与课程标准预设的描述进行了比较，发现总体上双方的描述高度一致，对一致性较差的部分，作了进一步修改完善，使学科核心素养的具体描述和水平划分获得更为广泛的认同。

通过近一年的努力，测评工作完成破冰之旅，为普通高中课程标准修订，也为基础教育课程改革，作出了具有历史意义的贡献。其间，综合组和各学科核心素养测评组专家夜以继日，勤奋拼搏，敢于创新，勇于实践，体现了专业工作者高水平的学术素养和崇高的教育情怀。学科核心素养的测评研究工作，是保证学科课程标准科学性和适切性的实证研究，是完善普通高中课程标准的坚实基础；也是中华人民共和国成立以来课程标准研制工作中首次开展的实证研究，是为未来基于学科核心素养进行评价考试改革而开展的、具有中国特色的先期探索。

教育部原基础教育二司在此过程中对测评工作给予了高瞻远瞩的指导和大力的支持，教育部基础教育课程教材发展中心做了大量的组织协调工作；深圳市海云天科技股份有限公司、北京宝旺印务有限公司为测评工作提供了精湛的专业技术支持和热诚的服务。

我作为参与普通高中课程标准修订工作的一员，亲身经历了长达四年的修订工作，亲眼见证了中国基础教育课程改革团队在改革的征途上一往无前、披荆斩棘、再创辉煌的精神和卓越的贡献。在此，致以崇高的敬意！

朱慕菊

2020 年 12 月

前　言

　　对于 2018 年发布的普通高中课程标准，学科核心素养的凝练和基于学科核心素养的学业质量标准的研制是两大突破。在修订过程中，为探索指向学科核心素养的测试方法，验证学科核心素养水平划分和具体表述的精确性，确定高中毕业所规定的核心素养水平要求的合理性，在教育部教材局和教育部课程教材研究所的大力支持下，学科核心素养测试综合组和各学科测试组于 2015 年组建，随后开展了学科核心素养测试的探索性工作。

　　通用技术学科核心素养测试组（以下简称"通用技术学科组"）的负责人是顾建军（普通高中通用技术课程标准修订组负责人，南京师范大学教授）。通用技术学科组分为核心组、命题组和审题组。核心组负责测试目标、测试框架、样题等的研制工作，相关成员有：顾建军、管光海（浙江省教育厅教研室）、段青（海南省教育研究培训院）、刘海林（南京市第二十七高级中学）、徐金雷（南京师范大学）。命题组负责试题命制及标准答案制定等工作，相关成员有：姜腾（北京师范大学天津附属中学）、孙俊（浙江省杭州高级中学）、黄越祥（浙江金华第一中学）、周红星（丽水第二高级中学）、蒋建波（西安市长安区第一中学）、黎永生（海南华侨中学）、周仁忠（海南中学）、徐道安（海南华侨中学）、马青（淄博市基础教育研究院）。由秦宝荣（浙江工业大学）、甘为凡（东南大学）组成审题组。此外，洪亮（清华大学）、任祖平（东南大学）、郁汉琪（南京工程学院）、陈锋（东南大学）、申忠宇（南京师范大学）、李咏梅（北京大学）、林连军（北京大学）、章维明（浙江大学）、唐小俊（南京晓庄学院）等大学教授参与外审和盲审工作，费敏（重庆市教育科学研究院）等 35 位高中通用技术教师、教研员参与施测、阅卷工作。正是众多专家和教师的参与，保证了测评工作的顺利进行。

　　通用技术学科核心素养测评工作大致分为七个阶段：第一阶段（2015 年 9—10 月）为通用技术学科测评框架研制阶段，主要从整体上把握、制订计划；第二阶段（2015 年 11—12 月）为命题研制阶段，主要分两次征选题目，并在每次征选题目后聘请专家对征选的题目进行质量审核，选择质量较高、符合此次测试要求的题目；第三阶段（2016 年 1—2 月）为预测试和题目重审阶段，选取少量样本进行测试、评分、分析，再次审核题目质量，修改或替换相关题目；第四阶段（2016 年 3 月）为组卷阶段，根据预测试情况重新组卷，修改相关题目的评分规则，制订题目信息表，研制参考答案与评分规则，设计答题卡，等等；第五阶段（2016 年 4 月）为正式测试阶段，研制测试方案、阅卷手册，进行阅卷评分、数据处理，根据阅卷情况进行反思；第六阶段（2016 年 5 月）为盲审阶段，组建盲审专家队伍，选取盲审题目，组织盲审工作，提交盲审材料；第七阶段（2016 年 6 月）为总结阶段，总体分析数据和盲审材料，撰写测试研究报告。

基于前期的研究与实践工作，本书编写组梳理测评过程中的典型经验，说明学科核心素养导向的命题特征，分析学科核心素养的测评结果，并总结其对考试评价与教学实践的启示，同时也对学科核心素养测评的组织与评卷方法进行说明，以完整呈现本次测评。

本书由顾建军教授、管光海博士担任主编。

各章的执笔者如下：

第一章　顾建军、徐金雷

第二章　管光海、徐金雷

第三章　段青、孙俊、姜腾

第四章　刘海林、费敏、周红星

第五章　管光海、黄越祥

第六章　黄越祥、刘强、陈淇、鲍玮玮、韩元燕

第七章　段青

本书的撰写得到了教育部教材局和教育部课程教材研究所的指导，以及众多高中通用技术教师的支持；北京师范大学出版社的编辑为本书的出版贡献了智慧。在此表示衷心的感谢。

本次测评研究工作在证明了课程标准修改和研制的科学性、有效性的同时，也深化了对基于学科核心素养新课标改革理念的理解，为核心素养导向的通用技术课程学业水平考试与教学实践积累了经验。限于时间和编写水平，本书难免有不足之处，恳请广大读者批评指正。

顾建军

2025 年 4 月

目　录

第一章　学科核心素养测评概述

技术教育是素质教育的基本组成部分，是学生技术素养形成的重要途径，对落实立德树人根本任务、实施国家创新驱动发展战略、弘扬中华优秀传统文化和提高全民技术素养都具有重要的作用。通用技术是技术教育的重要组成部分，对发展学生核心素养至关重要。提炼通用技术学科核心素养，并以此为基础构建课程内容、研制学业质量标准，对推进我国通用技术学科课程改革、考试招生制度改革等都具有重要意义。本章首先分析学科核心素养的内涵与意义，其次说明通用技术学科核心素养的凝练意义与内涵，再次说明通用技术学科核心素养水平的划分与描述，最后介绍通用技术学科核心素养测评的原则与方法。

第一节　学科核心素养的内涵与意义

学科核心素养是核心素养在具体学科领域的体现，是学生在接受学科教育过程中逐步形成的，适应个人终身发展和社会发展需要的正确价值观、必备品格和关键能力。在学科内落实核心素养的理念，体现核心素养的价值，使核心素养在学科课程中"落地"。本节主要对学科核心素养的内涵与意义进行分析。

一、学科核心素养的内涵

素养本质上是一种与知识和情境紧密联系的（潜在）综合能力，是知识、技能、经验、态度和价值观的综合体，是行为发生的内在因素。素养一般在一定情境下呈现，具有一定的领域性或学科性特征。学科核心素养通过学科教育获得。从学生的视角来说，学科核心素养是学生通过学科课程的学习获得的，这是素养的学科性特征的体现。

对学科核心素养有多种解读，如具有综合性、整体性、内隐性、可持续性、培养性、发展性等，反映了学科的根本属性和教育价值。

每门学科都有其研究对象和问题领域，都有其解决问题的思维方式和研究方法，都可在不同的程度和水平上满足学生的多样性需求和个性化发展需要。学科核心素养是学科本质和教育价值的体现，源自学科的本质、特点和功能。通用技术也有它独特的认知方式，即技术的思维方式和研究方法。第一，从思维方式的角度来看，它除了需要运用抽象思维（比如，学生在绘制图样时，必须运用抽象思维），还需要运用大量的形象思维和动作思维。第二，从以设计为基础的技术学科的角度来看，创造性思维在设计问题解决过程中起着重要的作用。在具体的设计过程中，还需要运用其他的思维方式，如在将设计理念转化为设计方案时，需要利用技术语言将其表现出来。技术的研究方法主要有两种模式：一是源于给定的目的或需求，在达成这个目的或解决这个需求的过程中体悟概念，发现其背后隐含的原理，强调在实践中学习，如在解决实际问题的过程中不断探索和体验，从而逐步掌握相关的技术知识和技能，提升核心素养；二是从一种现象或效应开始，逐步嵌入一些如何使用它的原理，强调在学习过程中，通过试验、制作等，体验知识的应用和技能的要求，实现知识与技能的相互促进和融合，最终提高解决问题的能力。"技术意识""工程思维""创新设计""图样表达""物化能力"等核心素养，正揭示了通用技术学科独特的认知方式。

判断学生学科核心素养的达成水平，应采用不同的手段和方法进行测试。知识性的成分和心智理解性的成分用纸笔测试就可有效测出，行为技能性的成分和操作性的成分必须采用实践操作的方式来测评，一些高层次的、与环境因子互动性很强的素养可通过学生的表现进行推测。

二、学科核心素养的意义

学科核心素养不仅是核心素养"落地"的有力保障，而且是学科教学与评价观念转变的重要指导，具有重要的理论与实践意义。

首先，学科核心素养具有综合性和整体性，对促进学科教学与评价观念转变具有重要价值。从学科核心素养的内涵可以看出，其本身是在一定情境下综合运用学科知识、技能和情感解决复杂问题的一种能力，不是对零散知识的记忆和简单技能的重复，强调的是超越学科事实与标准化测验，走向学科的深度理解与综合应用。学科核心素养无论是在理论层面还是在实践层面，都具有重要的指导价值。从理论层面来看，学科核心素养体现的是一种观念的转变，可引导学科教育理论研究关注整体与局部的关系，关注教育情境的研究；从实践层面来看，学科核心素养可指导教学实践关注学生的知识整合和综合能力的发展，关注教学评价和学业评价朝着"学业整合"的方向发展。

其次，学科核心素养是核心素养在学科中的具体表现，是基于核心素养的课程改革"落地"的重要抓手。学科核心素养是在我国全面深化课程改革的大背景下，基于我国的国情，为确保核心素养的"落地"提出的，是核心素养在具体学科领域的体现。从理论层面来看，提炼学科核心素养是我们重新认识学科、发现学科、组织和建设学科的过程。界定学科核心素养的意义能从学科的本质出发，发挥学科的独特价值，探讨同学科本质休戚相关却又超越学科范畴的"认知的、情意的、社会的"通用能力的培育，进而发现学科新的魅力与命脉。① 从实践层面来看，学科核心素养是本次课程标准修订的基石与主线，贯穿本轮课程改革和课程标准修订的全过程，统领课程方案制定、课程标准修订的各方面。课程性质与基本理念必须从学科核心素养的角度对学科本质和独特的教育价值进行重新定位，从而真正促进课程由知识本位走向理解本位；突破和超越三维目标模式，聚焦于学生必备品格的养成和关键能力的形成；把学科知识的情境性、探究性、批判性、反思性、建构性提升到重要位置，让学生深入探寻学科知识的本质含义并加以创造性运用，发展学科关键能力。

第二节 通用技术学科核心素养的凝练意义与内涵

通用技术课程标准修订组根据学生核心素养的主要内容与表现形式，结合通用技术学科的内容与特点，凝练了五大核心素养——技术意识、工程思维、创新设计、图样表达、物化能力。本节主要对通用技术学科核心素养的凝练意义与内涵进行说明。

一、通用技术学科核心素养的凝练意义

通用技术学科核心素养体系的核心是"立德树人"，这不仅是由学生身心发展规律、社会发展与科技进步对人才的需要决定的，也是国家对学生德智体美劳全面发展的总体要求和社会主义核心价值观有关内容在技术学科上的具体化。这五大核心素养的提出，一方面顺应了国际普通技术教育改革的趋势，另一方面是技术教育面对高度技术化的世界而做出的有效应对。在现代技术社会，有一个很矛盾的问题：虽然技术在我们的生活中日益重要，但我们普通大众对这些技术知之甚少，更不用说去思考和应对了，而且这种互不匹配的情况还在发展。

通用技术学科核心素养体系具有丰富的价值结构。它不仅具有工具价值，而且具有发展价值；不仅具有个人发展的价值，而且具有社会发展的价值。最为核心的价值诉求就是培养具有技术素养的人。作为一个整合的概念，它具有独特的知识建构、能力塑造、人格熏陶和个性与社会性培养等方面的内涵，其对人的发展方面具有独特的功能与价值。

(一)有助于促进学习者程序性知识、缄默知识的有效建构

苏霍姆林斯基说过，"儿童的智慧在他的手指尖上"。为此，我们提出了"物化能力"这一核心素养，也就是培养学生能采用一定的工艺将意念、方案转化为有用的物品，或对已有物品进行改进与优化的能力。学生在形成这一核心素养的过程中，能运用工具、材料、工艺方法等进行创造性的动手设计与制作。这一过程强调手脑并用、

---

① 余文森. 论学科核心素养的课程论意义[J]. 教育研究，2018，39(3).

知行合一，尤其注重以程序性知识、缄默知识为特征的技术知识的有效建构。事实上，在我国学生现有的以认知科目为主体的学习科目中，学生大都沉浸在陈述性知识、原理性知识的学习中，这对他们的心智技能的发展具有重要价值。但在青少年的成长阶段，过于单一的、机械的陈述性知识、原理性知识的学习易于使学生眼高手低、认知失调。包括工具使用、材料加工、设备操作、图样绘制、零件装配、表面处理、产品优化、系统设计等在内的技术知识，具有大量的程序性知识和缄默知识特征，对于学生的课程学习经历来说尤为珍贵，是对认知科目学习的一个有益补充。在此过程中，学生将会在"用知识"的同时，获得小肌肉、大肌肉运动，四肢协调、手眼协调的学习与锻炼，获得运用工具中方向、力度、节奏、姿势、平衡、稳定、控制等过程与方式的知识和经验，获得技术设计、技术试验、技术操作、技术制作等实践性知识。

(二)有助于学习者学习方式的变革和动作技能的学习与发展

在以认知学习为主要学习方式的背景下，无论是中小学生还是成人在学习时往往都会陷于"题海战术"之中，"死记硬背"较易成为经典的学习方式。"创新设计""工程思维""物化能力"等核心素养蕴含着诸如操作学习、设计学习、制作学习、试验学习、绘图学习、体验学习等多种丰富而独特的学习方式，这些以实践为核心的学习方式将会改变学生的认知图式和生活方式，促进学生深入客观的世界中、深入火热的生活中、深入丰富的实践中去获得知识和能力。通用技术学科是以实践活动为主体的，学生在其中会花费大量时间学习与运用动作技能。在学习过程中，他们能发展精细动作、复杂动作以及一些具有技术含量的专有动作技能。这种学习方式与传统科目不同，它强调"劳力与劳心相结合"，改变了过去"手不能提篮、肩不能挑担"的发展模式。这种学习方式对学生的身体发育和体质增强也具有重要作用。

(三)有助于学习者以问题解决能力为核心的思维能力的提升

当前，学校教育在思维能力的培养上存在几个方面的认识误区。其一，重视抽象思维的培养，几乎所有科目都围绕着概念和定律来进行教学；其二，重视经验归纳、逻辑演绎等理性思维，而轻视诸如直觉、灵感和顿悟等非理性思维，这也是迄今原创性科学理论和重大的技术发明依然凤毛麟角的重要原因；其三，认为直觉、灵感和顿悟等非理性思维是一种本能的认知冲动和发现能力，目前教育对此也没有特别有效的方法。事实上，技术思维的培养同样重要，有学者在《理论思维与工程思维——两种思维方式的僭越与划界》中，明确地把"筹划"作为与"认知"具有同等地位的思维方式来使用。在技术学习活动中，技术思维不会终止于内部的认知活动，而必须与人工物紧密相连，它不能脱离这种"造物""用物"的活动而"纯粹"地进行思维活动。通用技术课程的实践活动立足生活世界和技术世界，是一个发现问题、明确问题、设计方案、解决问题的过程。在学习过程中，学生要充分运用数学、物理、化学等科学知识和政治、经济、社会、法律、道德、美学等人文知识，认识和解决技术问题。

通用技术对学生能力培养的独特性表现为把意念与理念转化为操作方案的能力，

对知识的整合、应用及物化的能力，面向真实世界和物质世界进行创造的能力，基于可靠性、性价比的方案权衡和优化的能力，以及把有形的创造物转化为无形的智慧、把无形的智慧转化为有形的创造物的能力。这些独特的能力对学生能力结构的完善和学生核心素养的培养具有重要意义。

(四)有助于学生完满人格的建构和个性的良好发展

技术学习是丰富而又生动的，是对学生的健全人格与个性熏陶和锤炼的过程。首先，就其本质来说，技术因人而生、因人而精彩，技术造就于人、服务于人，技术保护人、解放人、发展人，技术以人为本。技术学习具有丰富的人文性，它关心技术与人的生理、心理的匹配度，关心技术对人的生存环境的影响，关心技术的人性取向与伦理特征，因此技术学习也是熏陶德性与人性的过程，是技术意识逐步形成的过程。其次，就其要素来说，它追求科学，崇尚优化，讲究效率，这对学生来说易于培养其精打细算、精益求精、尊重规律、善于批判、遵守规范、注重质量等品质，对一些有做事马虎、毛手毛脚等不良习惯的学生来说，无疑是极好的行为矫正训练。最后，就其学习过程来说，技术学习是一个合作、开放、严谨、细致和充满创造的过程，对培养学生的不断进取、努力合作、敢于创造以及正确对待挫折等积极品质和良好个性具有重要作用。

二、通用技术学科核心素养的内涵

技术学习作为一种特殊的认识活动，必将经历从实践到理论，再从理论到实践的发展过程，这一过程实现了从感性认识发展到理性认识，又从理性认识能动地指导实践的"两次飞跃"。通用技术学科核心素养正是在技术认识活动的"两次飞跃"中发展起来的关键能力与必备品格，同时又对技术认识活动发挥着能动作用。因此，通用技术学科核心素养五个要素的内涵虽各不相同，作用也有差异，但并非孤立存在的，而是统一于技术认识活动中的。

(一)技术意识的内涵

从远古的钻木取火到现代的太阳能发电，技术为满足人类需求开始了它的历史旅程，可以说技术史伴随着人类史一同行进。随着技术复杂性、创新性等的提高，人们跟随技术的步伐越显紧促。为应对这样的时代挑战，技术教育在传播技术知识、促进人类掌握和利用技术知识、树立关于技术活动的正确价值观中起到重要作用。

技术意识渗透在技术活动的全过程中，主要包括人技关系和参与技术活动的理性态度。能理解技术对人类社会、自然及环境的影响，形成正确的技术观；具有对待技术的积极情感和理性态度，具有现代社会的技术适应性；能对技术现象客观、准确地评价和判断，在参与技术活动中能对相应后果进行风险评估和理性决策，形成使用技术的科学态度和良好习惯，在一定技术知识与技能的基础上产生对技术的亲近情感、理性态度等。

(二)工程思维的内涵

人的技术活动是有意识、有目的的活动，它不是通过单一的认知活动实现的，而是通过思维的筹划活动实现的。工程思维是以系统分析和比较权衡为核心的一种筹划性思维，这种筹划性思维具有独特的思维结构、内容、特征、运行机制和要求，涵盖工程思想方法、系统分析、模型建构、风险评估等方面的内容。

具有工程思维的学生能更好地理解系统的内涵，识别和理解技术系统的各个组成部分，并能用工程思维认识技术和社会现象；能运用技术领域中的结构、流程、系统、控制等相关原理以及系统观念、建模、干扰与反馈等基本思想和方法解决问题；能运用模拟和建模对技术系统进行系统分析，提出决策方案，实现工程思维的应用与迁移；知道输入、工作过程、输出、反馈及其他因素是如何影响系统的，并能通过系统分析，对技术方案做出性能和风险评估。

(三)创新设计的内涵

从本质上说，设计是问题求解的过程。当今时代要求学生具有像设计师一样的思维、态度和技能，能提出创新性方案，包括方案构思、方案形成、方案优化的过程，通过这个反复进行的过程，将最初的设想变成方案和产品。

创新设计包括技术设计的过程与方法、方案构思与创新、技术试验与评价。在设计时能发现和挖掘用户的需求，明确需要解决的技术问题，并能判断是否具备解决问题的技术能力和条件；能根据设计要求和限制因素，运用问题解决、创造性思维、空间想象、批判性思考和推理等策略，结合绘图、建模等设计方法和常用的创新技法，提出多种解决方案；能运用试验、评估等，对多方案不断地进行权衡、优化改进，综合考虑功能、成本、人机工程学、美学、伦理以及经济、社会、文化等多种因素，选定满足设计要求的最佳方案。

(四)图样表达的内涵

技术图样是表达设计的一种有效手段，也是技术活动中进行信息交流的特有形式。图样实现了有形与无形、抽象与具体的思维转换，是设计和制作技术产品的主要依据。在技术实践活动中，设计者可以可视化地描述构思的意念，在短时间内快速并充分地表达自己的设计意图，并与他人交流创意；制作者可以通过图样来了解设计要求和制作对象；使用者可以通过图样了解技术产品的结构和性能，进行操作、维修和保养。

图样表达主要涵盖技术对象的图样特征分析、图样识读和图样绘制。学生在经历图样绘制工具的辨识和实际应用过程中，形成对技术图样表达特质的认识；能识读和绘制一般的机械加工图、线路图、效果图等常见的技术图样，形成初步的图样思维；能用适当的软件，将一般的设计方案绘制成简单二维和三维的图样，感受先进技术工具的魅力。

(五)物化能力的内涵

技术活动通常需要把意念、方案转化为有形的结果，如模型、产品或者系统等。学生只有通过亲手操作、亲历情境、亲身体验，才能体会意念具体化和方案物化过程中的复杂性和创造性，从而发展问题解决能力和动手实践能力。物化能力是技术的实践性、创造性特征的重要体现。

物化能力主要涵盖材料的选择与规划、工具的选择与使用、工艺的设计与制作等方面的内容。熟悉常见材料的属性，能对不同的材料进行性能测试和比较，结合测试、比较结果和设计方案综合选择和规划材料；能规范安全地使用常用加工工具和检测工具，根据设计方案和材料选择不同的工具来解决问题；能根据方案设计要求选择材料和工具，确定方案实现的时序和工序，完成模型或产品的成型制作和装配。

第三节　通用技术学科核心素养水平的划分与描述

通用技术课程标准修订组在广泛征求意见和研究的基础上，从"未来社会具有技术素养的社会人"所具有的关键学科能力与品格出发，从"社会参与""自主发展"和"文化修养"三个方面建构了五个核心素养，包括"技术意识""工程思维""创新设计""图样表达""物化能力"，并且从技术经验与知识的深广度和结构化程度、技术思维与观念的水平和自动化程度、技术任务的难度和情境的复杂化程度三个维度划分水平，对每级水平的素养进行描述。本节对通用技术学科核心素养的水平进行描述与说明。

一、技术意识素养水平的划分与描述

技术意识素养水平的划分见表1-1。

表1-1　技术意识素养水平的划分

核心素养	具体指标	水平1	水平2	水平3	水平4	水平5
技术意识	1. 人技关系的把握	能举例说明技术与人、技术与自然、技术与社会的关系	能从某个角度对技术现象进行评价，并持有明确的态度	能结合给定的信息评价一项技术对社会的积极或消极影响，并预测该技术的发展趋势	能综合各种信息，从某个角度就一项技术与个人、社会、环境的关系作出科学的判断	能综合各种信息，从多个角度就一项技术与个人、社会、环境的关系作出科学的判断

续表

核心素养	具体指标	水平1	水平2	水平3	水平4	水平5
技术意识	2. 技术性质的认知	能说出技术的目的性、创新性等特性	能结合具体案例分析技术的性质	能依据技术的特性对技术现象进行分析	能依据某个技术特性对技术现象进行判断与评估；会撰写简单产品的专利申请文件	能综合技术特性对技术现象进行判断与评估；能通过案例辨析，形成自觉抵制各种侵犯知识产权的意识
	3. 技术责任意识	能结合具体案例分析技术的规范性和技术的伦理道德	在技术活动过程中，能认同技术的规范性，并具有技术责任感；能调查并分析某一具体技术选择、使用、决策过程中的伦理问题	能形成规范的技术习惯，在日常生活中能安全地使用技术；能调查并分析个体及群体的价值观、伦理规范如何促进或阻碍技术的发展	在技术活动中，能主动遵守技术规范和技术伦理	能调查并分析个体及群体的价值观、伦理规范如何影响技术的发展；在技术活动中，能负责任地进行技术决策

技术意识素养水平是从"人技关系的把握""技术性质的认知""技术责任意识"三个维度进行划分的。"人技关系的把握"水平的划分关注技术与人、技术与自然、技术与社会的关系，较低水平要求能简单地举例说明，较高水平要求能综合多种信息对人技关系作出科学的判断。"技术性质的认知"水平的划分关注对技术性质的理解，较低水平仅要求能说出技术的性质，较高水平要求能依据技术特性对技术现象进行分析，高水平要求能综合技术特性对技术现象进行判断与评估。"技术责任意识"水平的划分关注技术的规范性和技术的伦理问题，较低水平要求能结合具体案例分析技术的规范性和技术的伦理道德，较高水平要求能形成规范的技术习惯、遵守技术规范和技术伦理，高水平要求能分析伦理规范对技术发展的影响并负责任地进行技术决策。

二、工程思维素养水平的划分与描述

工程思维素养水平的划分见表1-2。

表 1-2　工程思维素养水平的划分

核心素养	具体指标	水平 1	水平 2	水平 3	水平 4	水平 5
工程思维	1. 系统分析	能运用系统的思想，就某个技术问题，对相关因素进行分析	能说出系统分析的一般步骤和方法，并对某一简单的技术系统进行系统分析	关注系统的内部关联性、整体性，能针对某一技术领域中较为复杂的技术系统进行系统分析	关注系统的综合性，能针对多个技术领域中复杂的技术系统进行系统分析	能综合运用科学、技术、数学、工程等方面的知识，对复杂的技术系统进行系统分析
	2. 模型认知与建构	能辨别技术与工程领域所涉及的数学模型	结合具体技术与工程领域案例，能分析简单的数学模型及其类型	针对已解决的技术问题，能还原问题解决的数学模型并做验证	在进行简单的技术方案设计时，能通过建构简单的数学模型来解决问题	在进行技术方案设计时，能通过建构简单的数学模型来解决问题
	3. 决策分析与风险评估	结合具体案例，能阐述决策分析与风险评估的价值和作用	结合具体案例，能列出决策分析与风险评估的要素和内容	能运用简单的数学模型对某一技术方案作出决策分析与风险评估	在进行简单的技术方案设计过程中，能进行简单的决策分析与风险评估	能对工程项目进行决策分析与风险评估

　　工程思维素养水平是从"系统分析""模型认知与建构""决策分析与风险评估"三个维度进行划分的。"系统分析"水平的划分关注如何在不同复杂的系统中进行分析，低水平要求能对简单系统进行系统分析，较高水平要求能对较复杂的技术系统进行系统分析，高水平要求能综合运用多方面的知识，对复杂的技术系统进行系统分析。"模型认知与建构"水平的划分关注数学模型在技术与工程领域中的运用，低水平要求能辨别简单的数学模型，较高水平要求能还原并验证问题解决的数学模型，高水平要求在设计技术方案时，能通过建构简单的数学模型来解决问题。"决策分析与风险评估"水平的划分关注决策分析与风险评估的复杂程度，低水平要求能阐述决策分析与风险评估的价值和作用，较高水平要求能运用数学建模对技术方案作出决策分析与风险评估，高水平要求能对工程项目进行决策分析与风险评估。

三、创新设计素养水平的划分与描述

创新设计素养水平的划分见表1-3。

表1-3　创新设计素养水平的划分

核心素养	具体指标	水平1	水平2	水平3	水平4	水平5
创新设计	1. 发现与明确问题	能通过调查等方式，列出用户的某个需求和需要解决的主要技术问题	能运用图表分析等定量、直观的分析方法，明确用户的某个需求和需要解决的技术问题	能运用人技关系等理论，发现用户的多方面需求及其关联性，多方面分析需要解决的技术问题	能运用用户模型等分析方法，提炼用户的独特需求和确认所要解决的特定技术问题	能综合运用多种方法，挖掘用户的潜在需求，多视角认识所要解决的技术问题，形成对用户需求和技术问题的敏感度
	2. 技术设计的过程与方法	能结合具体项目，说出技术设计的一般过程与方法	能通过项目实践，分析技术设计的过程的特性以及设计方法之间的多方面关系	能通过某一技术领域的项目实践，阐明技术设计的过程与方法的独特性，并举例说明	能结合某一技术领域中技术设计的过程与方法的特点，规划技术设计过程，选择合适的方法，并加以实践	能综合一些技术领域中技术设计的过程与方法进行技术设计，并加以实践
	3. 方案构思与创新	能借鉴技术设计案例，制订符合技术规范的解决技术问题的一个方案	根据设计对象和现有条件，能制订体现一定创新意识的1~2个技术问题解决方案，并进行比较	能通过多种渠道搜集信息并进行处理，制订符合一般设计原则和规范的多个方案	能依据设计要求制订符合一般设计原则和规范的多个方案	能在所设计的多个方案中选定满足设计要求的最佳方案，或改进原有方案

续表

核心素养	具体指标	水平1	水平2	水平3	水平4	水平5
创新设计	4. 技术试验	能举例说明技术试验的作用，并对不同类型的技术试验进行比较说明	能对模型或产品进行基本的技术试验，对现象和结果进行分析	能根据主要技术指标设计简单的技术试验，并进行实践，撰写简单的试验报告	能根据多个技术指标设计技术试验，并进行实践，撰写试验报告	能结合某一技术领域设计技术试验，撰写较为详细的试验报告
	5. 技术评价	能举例说出产品评价、技术问题解决方案评价的要点	能从某个方面对产品、技术问题解决方案进行评价	能从多方面对产品、技术问题解决方案进行评价	能从多方面对几个产品、技术问题解决方案进行比较	能综合地对多个产品、技术问题解决方案进行评价，并撰写评估报告

创新设计素养水平是从"发现与明确问题""技术设计的过程与方法""方案构思与创新""技术试验""技术评价"五个维度进行划分的。"发现与明确问题"水平的划分关注用户需求及需要解决的技术问题，低水平要求能通过调查列出某个需求及需要解决的技术问题，较高水平要求能发现用户的多个需求及多方面分析技术问题，高水平要求能挖掘潜在需求并多视角认识所要解决的技术问题。"技术设计的过程与方法"水平的划分关注技术设计的过程与方法的应用，低水平要求能了解技术设计的一般过程与方法，较高水平要求能结合某一技术领域阐明技术设计的过程与方法，高水平要求能综合一些技术领域中技术设计的过程与方法。"方案构思与创新"水平的划分关注方案构思的能力，低水平要求能制订一个方案，较高水平要求能制订多个方案，高水平要求能在多个方案中选定最佳方案。"技术试验"水平的划分关注技术试验的实践程度，低水平要求能说明技术试验的作用及比较不同类型的技术试验，较高水平要求能进行试验实践并撰写报告，高水平要求能进行特定的技术试验并撰写详细的试验报告。"技术评价"水平的划分关注对产品、技术的评价及评价程度，低水平要求能举例说明，较高水平要求能从多方面评价，高水平要求能对多个方案进行评价并撰写评估报告。

四、图样表达素养水平的划分与描述

图样表达素养水平的划分见表1-4。

表1-4　图样表达素养水平的划分

核心素养	具体指标	水平1	水平2	水平3	水平4	水平5
图样表达	1. 技术特征分析与图形思维转换	能用图形语言（如草图）表达与交流简单的设计构想	能根据具体技术特征，选择恰当的图形语言表达设计构想	能根据具体技术特征，结合多种图形语言表达设计构想	能根据技术特征，结合图形语言与非图形语言表达设计构想	能选择与综合运用图样或其他技术语言详细表达设计构想
	2. 图样识读与绘制	能识读常见的技术图样，如草图、三视图、简单的机械加工图	能绘制简单的技术图样，如草图、三视图、简单的机械加工图	能结合某一技术领域，识读常见的技术图样，如一般的机械加工图和简单的电子电路图等	能结合某一技术领域，绘制简单的技术图样，并能用其表达设计方案	能绘制不同技术领域简单的技术图样，绘制出规范的设计图纸
	3. 图样设计工具使用	能进行二维或三维设计软件的基本操作	能用二维或三维设计软件表达简单的设计方案	能用二维或三维设计软件表达较复杂的设计方案	能用二维和三维设计软件表达较复杂的设计方案	能综合运用二维和三维设计软件表达复杂的设计方案，并不断进行改进和优化

图样表达素养水平是从"技术特征分析与图形思维转换""图样识读与绘制""图样设计工具使用"三个维度进行划分的。"技术特征分析与图形思维转换"水平的划分关注技术语言表达掌握水平，低水平要求能交流简单的设计构想，较高水平要求能用多种图形语言表达设计构想，高水平要求能详细表达设计构想。"图样识读与绘制"水平的划分关注常见的技术图样掌握程度，低水平要求能识读，较高水平要求能绘制，高水平要求能规范地表达设计方案。"图样设计工具使用"水平的划分关注设计软件的使用，低水平要求能进行基本操作，较高水平要求能表达简单的设计方案，高水平要求能表达较复杂的设计方案并进行改进和优化。

五、物化能力素养水平的划分与描述

物化能力素养水平的划分见表1-5。

表1-5　物化能力素养水平的划分

核心素养	具体指标	水平1	水平2	水平3	水平4	水平5
物化能力	1. 材料选择与测试	能列举常用材料的属性，并根据设计方案选择合适的材料	能对材料进行性能测试，结合测试结果和设计方案选择合适的材料	能对多种材料进行性能测试和比较，结合测试、比较结果和设计方案选择合适的材料	能列举一些特殊材料的属性，并能进行简单测试，根据设计方案选择合适的材料	能综合环保、经济、社会等多方面因素选择材料，具有一定的材料规划意识
	2. 工具选择与使用	能列举某一类技术工具的使用方法和特点，能根据设计方案和材料选择合适的工具	会规范、安全使用某一类工具，能辨别工具使用过程中的不规范操作	能分析工具使用过程中出现的常见问题，并提出改进方案	能根据设计方案和材料选择不同的工具来解决问题，能使用某一技术领域常见专业工具	能根据需求设计新型工具
	3. 模型制作与工艺分析	能结合案例说明模型的作用；能列举常见加工工艺	能完成简单的模型制作；能结合案例分析工艺	能结合设计方案对模型进行评价；通过实践，能分析现有工艺存在的问题	能完成较复杂的模型制作；能设计简单的工艺并进行实践	能完成复杂的模型制作；能设计简单的工艺，并通过实践进行优化

物化能力素养水平是从"材料选择与测试""工具选择与使用""模型制作与工艺分析"三个维度进行划分的。"材料选择与测试"水平的划分关注材料属性的识别与选择，低水平要求能列举常用材料的属性并依据设计方案选择材料，较高水平要求能结合性能测试结果与设计方案选择材料，高水平要求能综合多因素选择并规划材料。"工具选择与使用"水平的划分关注工具的使用水平，低水平要求能规范使用工具，较高水平要求能合理选择工具，高水平要求能设计新型工具。"模型制作与工艺分析"水平的划分关注工艺水平，低水平要求能列举常见加工工艺，较高水平要求能分析现有工艺存在的问题，高水平要求能设计、优化工艺。

第四节　通用技术学科核心素养测评的原则与方法

通用技术学科核心素养是学生在接受通用技术教育过程中逐步形成的，适应个人终身发展和社会发展需要的正确价值观、必备品格和关键能力，是学生通过通用技术学习形成的，具有通用技术学科的特质，是学生技术素养的关键成分。作为区别于知识技能的素养，其测评要求在理念、目标和试题设计等方面有独特的原则与方法。

一、通用技术学科核心素养测评的原则

(一)情境设定要真实

核心素养强调的是学生的综合素质和解决问题的能力，而这些能力往往需要在真实的情境中才能得到体现。通过设置真实的情境，我们可以更好地评估学生在实际应用中的表现和能力，从而更准确地反映他们的素养水平。真实的情境能够更好地激发学生对问题的兴趣，能使学生更深入地分析和理解问题，从而提高问题解决的可能性，进而使学生的综合素质和能力全面发展。在真实问题解决的过程中，学生的通用技术学科核心素养将得到全面发展，这也是评价他们能力的重要依据。

(二)问题指向要明确

第一，每个评价任务都应清晰地指向一种或多种通用技术学科核心素养，有明确的测评目标，问题应该针对所需要测评的核心素养进行设计，确保问题与测评目标紧密相关。第二，对于要求完成的任务，问题要尽可能清晰、直接，厘定所要分析与解决问题或任务的对象，指明需要达到的目标或完成的任务，引导学生有针对性地回答问题。

(三)评价结果要可信

评价要做到科学、有效且可信。第一，要在试题命制时做到公平、科学、规范。试题要有具体、明确的测评目标，使评价具有可操作性，试题难度分布合理，避免因为题目作答方式影响对学生真实水平的考查。第二，要设计合理的评分标准，以便准确地评估学生的素养水平。在设计开放题时，如果只涉及考查一种素养，应设计针对该素养不同水平的评分标准，以便能准确地评估该素养水平的等级；如果涉及考查多种素养，那么应针对不同的素养及其水平，设计相应的评分标准，以便准确地评估学生在每种素养上的表现。

二、通用技术学科核心素养测评的方法

对于通用技术学科核心素养的测评，从方式上来说，有纸笔测试、基于计算机

(网络)的测试、实践操作等。从理论上来说，纸笔测试不仅可以测试技术性质的认知、设计方法、图样识读、工艺分析等指标，而且可以测试创新设计、工艺选择等指标。基于计算机(网络)的测试不局限于通过设计软件的使用来测试图样设计工具使用等指标，还可以利用图片、视频来测试工艺分析、系统分析、发现与明确问题等指标。当然，命题时需要考虑不同测评方式的局限性。例如，核心素养物化能力中的"工具选择与使用"难以只通过纸笔来测试，还应采用实践操作考核的方式来测试。因此，对于不同素养的不同指标，应探索不同的测评方式。

第二章　通用技术学科核心素养测评框架设计

要测定一个量，必须对这个量的内涵与外延作出清晰的界定，并且设计出测定这个量的合理框架。开展学科核心素养的测评首先要设计核心素养的测评框架。通常，测评框架应明确对测评内容的界定与说明，如对关键概念及其相互关系的界定、测量维度的构成、对内容标准和表现标准的描述、各维度题目的比例、题目形式、测验设计等。更具体来讲，应包含对测评框架组成维度的说明，即框架包括哪些维度，每个维度又由哪些内容要素构成。本章对通用技术学科核心素养测评框架进行介绍与说明。

第一节　通用技术学科核心素养测评框架的定位与意义

一、通用技术学科核心素养测评框架的定位

传统教学评价将布卢姆认知目标理论作为教学评价的指导理论，其重点是在认知领域对学生的认知水平进行评价。布卢姆认为认知领域有记忆、领会、运用、分析、综合和评价六个层次，一般将前三者归为低阶思维，后三者归为高阶思维，从表面看是符合常理的，即高阶思维是从低阶思维一步一步发展过来的。但这种依认知类型的分类导致了一个问题：对于和学科核心素养培养有关的记忆、领会和运用就无须在学科情境、真实情境中进行学习了，只凭纸笔学习就能掌握，因为这是学习的低级阶段。这样的逻辑将学生素养发展同知识的内在逻辑完全等同起来了，而事实上，学生发展的核心素养不仅包括知识深广度的延展，而且包括学生情感、判断力、人格品质等方面的成长。这些成长更依赖在真实情境中的浸润和教育，只靠知识是无法形成完满的人格素养的。

学科核心素养指向的测评应以学科核心素养为主线，选择真实情境，以学科内容为载体，依托具体任务或问题进行。学科核心素养不能直接测量，只能通过操作化表现出来，一般表现为问题解决的水平，即核心素养可具体体现在特定情境下的个体行为当中。虽然个人的行为是不易被具体观察和测量的，但是细节、行动过程和行动结果是可以被捕捉到的，可以通过观察他在许多真实情境下的真实表现，从而间接地推测其素养水平。

通用技术学科核心素养要从通用技术学科核心素养的内涵和理念出发，在构建测评框架时树立以测量通用技术学科核心素养为目标的学业质量观，而不是以学科知识

点为框架、以知识点掌握水平为质量衡量标准的学业质量观。在这一理念的指导下，通用技术学科核心素养测评要围绕通用技术学科核心素养构建框架，关注学生在技术意识、工程思维、创新设计、图样表达和物化能力五个维度上的综合发展。

二、通用技术学科核心素养测评框架的意义

(一)为通用技术学科核心素养测评提供依据

通用技术学科核心素养测评框架是围绕通用技术学科核心素养构建的。该框架将为命题工作的开展提供基本依据，是测评工作顺利开展的基础。

(二)有助于落实核心素养教育理念

核心素养视域中的教学评价具有重要的现实意义和价值，核心素养评价是关系到核心素养的教育理念能否落实的重要手段。在实践中，教学评价有较大的"倒逼"作用，核心素养的评价导向会促成教学评价从理念到实践的落实。教学评价只要有效，教育功能和学生发展功能就都能得到体现，即学生素养发展的规定性内容就应该是核心素养评价的标尺准则，素养有什么样的变化，评价就要做相应调整。

(三)是检验教学改革是否"落地"的重要手段

教学评价是检验教育理论和实际操作的关键环节，评价核心素养指向的不仅是教和学的行为，更重要的是指导"如何教"和"如何学"的问题。这种问题导向可以同时在理论和实践两个方面起重要作用。合理的教学测评框架不仅可以反映学生核心素养的发展情况、核心素养融入课堂的效果，而且可以为课堂实践提供方向，以便促进核心素养的进一步发展。可以说，作为目标或育人方向的核心素养被提出之后，科学有效的测评框架便显得尤为重要。

第二节 通用技术学科核心素养测评框架的关键要素与结构

一、通用技术学科核心素养测评框架的关键要素

通用技术学科核心素养测评框架的总依据是国家课程标准。该测试是以核心素养为主线，选择真实情境，以学科内容为载体，依托具体任务或问题进行的。

核心素养是个体在学习和教育过程中形成或培养起来的内在品质，是个体在各种复杂现实情境中通过不断技术实践和不断解决问题形成的。核心素养的测评，往往是在复杂的、开放的真实情境下，根据学生在应对复杂的现实情境，参与相应活动中的外在表现加以推断。学科内容是核心素养形成、培养和评价的载体。只有具备系统化、结构化的学科知识和技能，个体才能深刻理解特定情境，明确问题，形成假设并

解决问题。因此，具体任务或问题是基于核心素养、情境、学科三个方面考虑的（见图 2-1）。

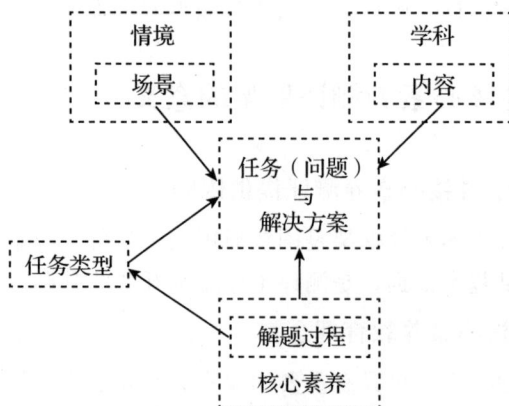

图 2-1　核心素养、情境与学科的关系

（一）核心素养

核心素养的提出是为了满足或适应 21 世纪快速变化的社会需要，是信息时代、知识社会和全球化时代下对基础教育育人目标的再思考。通用技术学科核心素养是学生经历技术学习过程逐步积淀而成的，体现了技术特质的必备思维品格和关键能力，是技术知识、技能、能力及情感态度与价值观等方面的综合体现，包括技术意识、工程思维、创新设计、图样表达、物化能力五个方面。

（二）情境

通用技术学科核心素养通过情境体现出来。通用技术任务情境包括基于技术设计和实践活动过程、联系社会生活、联系工农业生产以及反映科技和设计前沿四种类型。

基于技术设计和实践活动过程的情境材料来源于学生活动过程的设计方案、工具使用情况、作品制作时遇到的问题等。例如，以学生用角钢制作的三脚架弯折处出现了缝隙为情境，让学生分析角钢弯折前可能的加工形状来考查学生的工艺分析能力。

联系社会生活的情境材料来源于日常社会生活。例如，以雨天教室内雨伞放置凌乱为情境，要求学生设计教室内使用的雨伞架来考查学生构思方案的能力；以雷雨天晾晒的衣服常被打湿为情境，要求学生进行分析并设计雨天自动伸缩晾衣架来考查学生的技术分析和设计能力。

联系工农业生产的情境材料来源于工农业生产。例如，以冬天大棚温度过低影响蔬菜生长为情境，要求学生设计农村蔬菜大棚温度自动控制系统来考查学生的控制系统分析和设计能力。

反映科技和设计前沿的情境材料来源于能反映科技、设计前沿的素材。例如，选用结合了高科技的转椅、新型家用多功能插座、量子卫星等设计前沿产品和 3D 打印技术等前沿科技来考查学生的评价能力与设计能力。

核心素养是个体在面对复杂的、不确定的现实情境时表现出来的综合性品质，真实的现实情境是核心素养测评的最高要求。根据测评需要，可依据所要考查的素养及其水平层次，创设复杂的、结构不良的现实情境，整合的学科化情境和简单的、结构良好的学科化情境等不同层次的情境。从试卷的整体设计来说，还应考虑选用上述不同类型的情境材料，避免情境材料的单一化，以利于多角度考查学生的技术素养。

(三)学科

基于核心素养的测评的载体是学科内容，但要避免从孤立的、过细的学科知识点角度思考学科内容、罗列知识点清单，而是要强调学科内容的领域性、结构性、关联性，突出学科思想方法和探究技能运用的内容基础和要求。

基于通用技术学科内容特点，可将其分为技术理解、技术设计、技术应用层次。技术理解包括技术概念、技术事实和技术方法等内容；技术设计包括发现与明确问题、方案构思、方案表达、方案交流与评价等内容；技术应用包括技术操作和技术试验等内容。值得注意的是，一些学科内容如二维、三维设计软件的使用等，为本次通用技术课程标准修订提出的新内容，不被纳入本次测评中。通用技术学科内容见表2-1。

表2-1　通用技术学科内容

一级指标	二级指标	具体内容
技术理解	技术概念	例如，技术、工艺、模型、人机工程学、结构、流程、系统、控制
	技术事实	例如，设计原则、材料性能、加工工艺、技术语言、结构分类、结构受力分析、系统的基本构成与主要特征、控制系统的基本组成和工作过程
	技术方法	例如，比较、权衡、优化、反馈、功能模拟法、黑箱法、系统分析
技术设计	发现与明确问题	例如，发现问题、明确问题
	方案构思	例如，设计分析、简单结构的设计、流程设计和优化、系统的设计、控制系统的设计
	方案表达	例如，技术图样的识读、草图的绘制、三视图的绘制
	方案交流与评价	例如，设计想法和成果的交流、设计评估报告的撰写
技术应用	技术操作	例如，材料的选择与规划、常用工具的使用、数字化加工设备的使用、模型或原型的制作、工艺的选择与实施、构件的连接与安装
	技术试验	例如，技术试验的设计与实施、技术试验报告的撰写、装置的调试与参数分析

二、通用技术学科核心素养测评框架的结构

根据提出的关键要素，设计和规定最终测试的基本结构、不同维度构成的权重。考虑到测试组织的实际情况，在操作中没有安排基于计算机（网络）的测试，具体见表 2-2。

表 2-2　通用技术学科核心素养测评框架的结构

属性			分布比例
维度	学科内容	技术理解	20％
		技术设计	40％
		技术应用	40％
	核心素养	技术意识	10％
		工程思维	25％
		创新设计	30％
		图样表达	10％
		物化能力	25％
	情境	基于技术设计和实践活动过程	30％
		联系社会生活	30％
		联系工农业生产	20％
		反映科技和设计前沿	20％
	测试方式	纸笔测试	—
		实践操作	—
难度要求		易	20％
		中	60％
		难	20％

第三章　基于通用技术学科核心素养的命题

　　基于核心素养导向的命题，考查课程育人目标实现的程度，即学生在解决真实问题、完成真实任务时综合运用知识的能力与素养发展水平，是教学与评价的重要参考依据，反映了教师的课程素养，体现了对教学的导向作用，是教、学、考一致性的关键。通用技术学科的命题要以通用技术学科核心素养为目标，以课程标准为基础，以学科内容为载体，在相对真实的情境下，依托具体任务设计问题，并研制相应的评分方案或评分标准，从而最大限度地评价学生的核心素养。基于核心素养的命题要把握学科核心素养内涵，设计基于测评框架的评分标准，研制可以测量、方便观察、操作性强的指标，衡量学生是否达到内容标准要求、达到何种学业质量水平。

第一节　通用技术学科核心素养试题的命制

一、基本特征

　　通用技术基于核心素养的命题体现出以下基本特征。
　　一是准确把握学科核心素养的内涵和表现特征。针对核心素养的不同水平、不同表现命制试题，使测试有明确的指向。
　　二是创设多角度、多层次的测试情境。根据测试需要创设复杂的、结构不良的现实情境，整合的学科化情境和简单的、结构良好的学科化情境等不同层次的情境，为测试学生在学科核心素养上的不同表现提供依据。
　　三是整合学科内容，创设真实的评价任务。根据核心素养，结合学科内容设计真实的评价任务，让学生在解决问题的过程中表现素养。评价任务的设计要充分考虑学科特点，体现开放性、实践性，为不同学生的表现提供展示空间。

二、试题情境

　　基于通用技术学科核心素养的试题命制，其重要的内容之一是建立真实的学科情境。

(一)试题情境的类型

　　通用技术试题情境的类型可以分为基于技术设计和实践活动过程的情境、联系社会生活的情境、联系工农业生产的情境以及反映科技和设计前沿的情境四种，具体已在前面有所阐述。

(二)试题情境的层次

生活中存在各种不同复杂程度的情境。杨向东教授认为，从简单情境中可以相对容易地提炼特征，形成概念，而复杂开放的情境需要整合相关概念和原理，灵活运用理论或方法才能深刻理解。根据情境的复杂程度和结构良好的程度，将情境分为不同层次。① 不同层次的情境可以用于测试不同水平的核心素养，见表 3-1。

表 3-1　情境的不同层次、内容解释及示例

层次	内容	示例
简单的、结构良好的	从真实情境中提炼，是一种简单的学科化情境，任务要求明确，适合测试层次 1 的核心素养	以现提供的 2 张 A4 卡纸为材料，设计一个横截面为 50 mm×40 mm、长为 240 mm 的纸梁，纸梁两端放置在相距 220 mm 的支撑物上，请完成纸梁设计
简单的、结构不良的或复杂的、结构良好的	是经过整合的、结构化的情境，适合测试层次 2～3 的核心素养	现提供两块木板(4 mm×100 mm×300 mm)，请设计一个桌面置物架，要求具有一定的稳定性和强度。请列举设计要求并完成草图设计
复杂的、结构不良的	情境来自真实生活，是复杂的、结构不良的，需要学生自己去分析，适合测试层次 3 以上的核心素养	如今生活节奏加快，很多家庭会利用周末开车到大型综合超市采购家庭生活用品，把采购的物品从车里搬到家里，这就需要一辆推车；如果家里有老人，这辆推车还可以作为他们的购物车，考虑到让老人推车省力，需要有电力驱动系统。现在让我们试一试开发一辆多功能的家用推车，并制作一辆推车模型

(三)试题情境设置的基本要求

测评学生的通用技术学科核心素养，必须根据目标设置不同层次的、具有开放性的真实情境。试题情境的设定应考虑情境的真实性，尽量符合高中生的生活经验或学习实际，从而能够引起学生的兴趣。同时，试题情境的设计要具有适切性和科学性，要符合高中生的心理认知水平和必备知识水平，没有科学性问题，没有争议或错误，对情境的模型化要科学。

根据测试需要，必须依据所要考查的素养及其层次创设与之匹配的情境，见图 3-1。

---

① 杨向东.指向学科核心素养的考试命题[J].全球教育展望，2018，47(10).

简单的学科化情境		整合的学科化情境		真实的生活情境
•简单的 •结构良好的		•整合的 •结构化的		•复杂的 •结构不良的

图 3-1 从简单的学科化情境到真实的生活情境的连续体

三、试题类型

本次测试题型均为综合分析题，涵盖技术意识、工程思维、创新设计、图样表达、物化能力五个维度的核心素养。各卷的试题难度、预估作答时间基本保持同一水平，同一份试卷中的试题依难度递增排序。

本次测试选择的综合分析题基于真实情境，具有高度开放性，可以引发学生的核心素养在问题解决中的表现。在同一个情境中设置多个问题，这些问题既可测评不同水平的核心素养，也可测评同一核心素养的不同水平。每个问题都具有相对的独立性，既不依赖其他问题是否正确作答，也不影响作答其他问题。有的题目在一个情境中单一设问，有的题目在多个情境串联下覆盖多种核心素养。

第二节 评分标准的研制

评分标准的研制是由所有命题者参与修改的标准化活动，这个标准化过程确保了评分标准的正确性，涵盖了学生对问题的回答和相关的理解与应用。

通用技术纸笔测试采用分析评分法。分析评分法有多个评分准则，每个评分准则都有若干描述性分数等级，评分时根据描述性分数等级对每个评分准则进行评分。分析评分法的评分量表是一个基于标准的能力量表，能够推测学生所具有的能力的程度。通用技术非纸笔测试的评分方法主要涉及学生对工具的选择与使用、产品的构思能力与草图的表达能力、具体制作产品的质量与完整性及对产品的具体测试这几个方面。

通用技术评分标准由不同水平学生作答的主要特征、样例构成。学生作答的水平划分依据的是他们作答的质量，而不是数量。例如，低水平的作答学生常混淆概念、错误理解题目，不能给出清晰、正确的观点。中等水平的作答学生有更清晰的理解，能部分正确地表述他们的观点。高水平的作答学生对问题有深入的理解且能提供相关的佐证来支持知识的呈现。

一个科学的评分标准，能够客观地检测出学生学科核心素养的层次、分析与解决问题的能力。由于需要检测的学生数量大且涉及不同水平，同时考虑到题目的开放性与学生作答的情况，评分标准的研制具有复杂性。

一、评分标准研制的过程

第一阶段：由命制题目的教师根据命题的目的、考核的指向与题目本身的特点、学生的掌握程度提出基本的评分标准。评分标准要体现核心素养的要求、学科内容的要求，要体现学科的特色，要根据不同的题目来确定不同的作答要求。一般在进行评分标准预设时，不是以数量的多少来确定的，而是以分析的深度与广度来确定的。

评分标准不是一个标准的答案，需要对不同水平的作答方式给予比较科学的评判。本次测试的评分标准先由命题者提出，然后命题者对其进行讨论、修改与优化，再请相关的专家点评问题与提出意见，最后根据专家意见进行修改，才算完成评分标准研制的第一阶段。

第二阶段：预测试后进行评分标准的再确定。根据不同地区及不同要求，在全国确定几个点进行预测试，这些测试方式与正式测试方式完全相同。根据学生的作答和测试教师提出的相关意见，命制者再进行统一修改，基本确定预测试命题标准。

第三阶段：根据预测试命题标准对预测试进行评定。通过约谈预测试的学生，分析原有预测试命题标准的一些问题。然后根据实际测试的题目，对学生进行测试，根据实际测试的结果确定测试的评分标准。

二、评分标准研制实例

(一)测试题的命题与评分标准的初步设定

小明在仓储公司参加社会实践活动时，发现该仓储公司工人用平板车把货物从一处移到另一处，重复工作(见图 3-2 甲)，工人劳动强度大而枯燥。于是他设计了一个仓储自动控制运货车(小车)，其工作流程是：当传感器检测到车上的载货量达到设定值时，控制电路控制电机转动，车驶向卸货平台；车上的限位开关接触到卸货平台，电机停止转动，车停下等待卸货；传感器检测到货物被卸完后，电机反向转动，车返回装货平台(见图 3-2 乙)。

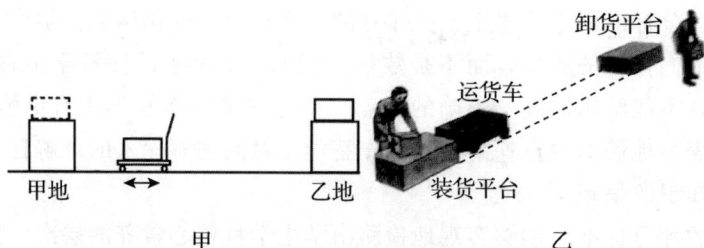

图 3-2　自动控制运货车

请完成以下任务。

(1)描述自动控制运货车替代人力拉平板车(机器换人)的作用。

(2)该运货车控制系统采用什么传感器?如果传感器灵敏度变差,会产生什么后果?

(3)说明该控制是开环而不是闭环的理由。设计开环控制的优势是什么?

(4)货物超重会损坏电机,请针对运货车控制系统,提出可以避免货物超重的方案。

初步设定的评分标准见表 3-2。

表 3-2　初步设定的评分标准

问题1:描述自动控制运货车替代人力拉平板车(机器换人)的作用。 本题涉及的核心素养的具体指标是技术意识中的人技关系的把握;课本内容是技术的作用。 评分标准: 水平2 能答出机器换人的作用(技术产品对人的作用),主要能答出技术具有保护人与解放人的作用。学生通过学习技术对人、社会与环境起作用;同时从自动控制运货车这个视角来说明技术产品对工业产品产生的作用。 水平1 只是从书面上解释技术产品对人的作用:解放人。
问题2:该运货车控制系统采用什么传感器?如果传感器灵敏度变差,会产生什么后果? 本题涉及的核心素养的具体指标是工程思维中的系统分析;课本内容是系统与控制。 评分标准: 水平3 传感器为压力传感器,就是根据具体要求对传感器进行选择,解决一个简单的技术问题。说明传感器灵敏度变差所产生的后果:如果传感器灵敏度变差,会产生计量的误差、误操作或存在安全隐患。提出因传感器灵敏度变差而引发后果的内部机理:如果传感器灵敏度变差,则可能只有当车载重量超过设定值时,电机才运行,会影响电机的性能;当货物还没有卸完,电机已经反转时,会产生误操作,存在一定的安全隐患。 水平2 能说出压力传感器,并说出灵敏度变差而产生的后果,但无法完整地解释其产生后果的原因。 水平1 能说出传感器灵敏度变差所产生的后果中的一种。
问题3:说明该控制是开环而不是闭环的理由。设计开环控制的优势是什么? 本题涉及的核心素养的具体指标是工程思维中的系统分析;课本内容是系统与控制。 评分标准: 水平3 能答出该控制为开环控制及其理由:该控制是对小车的承载货物重量进行检测,而被控制的对象是小车,输出的是小车的运行。小车的运行状态并没有得到检测,由此得出,小车的输出量不参与控制。能答出设计开环控制的优势是:开环控制具有一定的抗干扰能力,并且控制方式简单,适合对控制精度要求不是很高的控制,同时结构简单,成本低。 水平2 能答出该控制为开环控制。对为什么是开环控制说得不是很清晰,没有原则上的错误,但对开环控制的优势基本能说清楚。 水平1 只能说明采用开环控制及简单说明采用开环控制的优势,不能对其内部机理进行解释。

问题 4：货物超重会损坏电机，请针对运货车控制系统，提出可以避免货物超重的方案。

本题涉及的核心素养的具体指标是工程思维中的系统分析；课本内容是系统与控制。

评分标准：

水平 4

这里主要说明货物超重对整个控制系统产生影响的原因，并说明解决方案的具体对策。货物超重，对电机的运行会产生影响，从而产生电机运行缓慢、电机被烧毁等后果。为避免损坏电机而提出新的方案，譬如设定超重报警装置、电机拖动能力（比设定重量）有一个相对的余量、电机有一个过载保护、运输车上有一个重量显示装置等。

水平 3

能答出货物太重会造成损坏电机的后果，但是解决方案不是很全面，不过所列举的几项还是科学与合理的。

水平 2

能答出货物太重会造成损坏电机的后果，但是解决方案不是很全面，所列举的几项存在一些问题。

水平 1

只能说明损坏电机的后果，无法提出解决问题的方案。

(二)预测试题的命题与评分标准的设定

预测试不仅仅是对测试题的一种检验，也是对已设定的评分标准进行的实际检测。根据预测试的结果，重新对测试题进行修正，也对评分标准进行重新设定。下面选择卷四第 2 题作为案例进行分析。

预测试题：

小明在仓储公司参加社会实践活动时，发现该仓储公司工人用平板车把货物从一处移到另一处，重复工作(见图 3-3 甲)，工人劳动强度大而枯燥。于是他设计了一个仓储自动控制运货车(小车)，其工作流程是：当传感器检测到车上的载货量达到设定值时，控制电路控制电机转动，车驶向卸货平台；车上的限位开关接触到卸货平台，电机停止转动，车停下等待卸货；传感器检测到货物被卸完后，电机反向转动，车返回装货平台(见图 3-3 乙)。

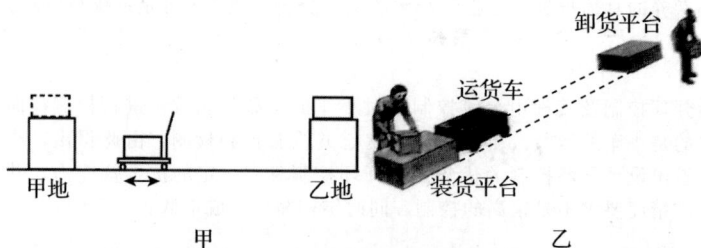

图 3-3　自动控制运货车

请完成以下任务。

(1)描述自动控制运货车替代人力拉平板车(机器换人)的作用。

(2)该运货车控制系统采用什么传感器？如果传感器灵敏度变差，会产生什么后果？

(3)说明该控制是开环而不是闭环的理由。设计开环控制的优势是什么？

(4)货物超重会损坏电机，所以货物超重是需要避免的。针对运货车控制系统，提出可以避免或减小对电机损伤的解决方案。

(5)小明在设计制作该产品过程中，通过对运货车合适的运行速度及电机转速的运算，合理求解出减速器的速度比；既要考虑到电机运行的灵敏度，也要考虑到传感器的灵敏度；在保证运货车系统整体的性能的前提下，做系统要素的局部调整。阐述在系统分析时，要遵循哪些原则，并结合该系统对这些原则进行具体解释。

预测试的评分标准见表 3-3。

表 3-3　预测试的评分标准

问题 1：描述自动控制运货车替代人力拉平板车(机器换人)的作用。 本题涉及的核心素养的具体指标是技术意识中的人技关系的把握，检测学生从技术角度说明技术与人的关系。 评分标准： 水平 2 提高生产效率，降低劳动强度，提高工作的安全性，突出技术能保护人与解放人。 水平 1 在保护人与解放人中回答任意一项即可。
问题 2：该运货车控制系统采用什么传感器？如果传感器灵敏度变差，会产生什么后果？ 本题涉及的核心素养的具体指标是工程思维中的系统分析；课本内容是系统与控制。 评分标准： 同表 3-2 中的问题 2。
问题 3：说明该控制是开环而不是闭环的理由。设计开环控制的优势是什么？ 本题涉及的核心素养的具体指标是工程思维中的系统分析；课本内容是系统与控制。 评分标准： 同表 3-2 中的问题 3。
问题 4：货物超重会损坏电机，所以货物超重是需要避免的。针对运货车控制系统，提出可以避免或减小对电机损伤的解决方案。 本题涉及的核心素养的具体指标是工程思维中的系统分析；课本内容是系统与控制。 评分标准： 同表 3-2 中的问题 4。

续表

问题5：小明在设计制作该产品过程中，通过对运货车合适的运行速度及电机转速的运算，合理求解出减速器的速度比；既要考虑到电机运行的灵敏度，也要考虑到传感器的灵敏度；在保证运货车系统整体的性能的前提下，做系统要素的局部调整。阐述在系统分析时，要遵循哪些原则，并结合该系统对这些原则进行具体解释。

本题涉及的核心素养的具体指标是工程思维中的系统分析，检测学生进行系统分析时，应该遵循哪些基本原则。

评分标准：

水平3

能阐述该系统分析遵循的是科学性原则与综合性原则。科学性原则是通过数学工具进行科学运算得出结果；综合性原则既要考虑到系统的某一方面，又要考虑到系统的其他方面，要统筹兼顾。

水平2

能指出系统分析的两个原则，但具体解释不是很明确。

水平1

只能指出系统分析的两个原则。

两所学校的40名学生参与了预测试，测试后我们对部分学生进行了访谈。其中有学生反映对自动控制运货车不太了解；考查系统分析的原则，过于强调知识性；对开环控制与闭环控制不太理解，对传感器颇为陌生。专家也对预测试题与评分标准提出了一些意见。专家认为应该将自动控制运货车表达清楚；涉及技术意识，强调技术与人的关系和后面专业性相对较强的问题形成了较大的反差，因此在评分标准上应该有一个合理的区分度。

(三)测试题的命题与评分标准

测试题：

仓储公司从卸物点装货平台到仓储点卸货平台有一段距离，以前一直是工人用平板车运送货物。后来公司为了降低工人的劳动强度，计划设计如图3-4所示的自动控制运货车。其工作流程是：当传感器检测到车上的载货量达到设定值时，控制电路控制电机转动，运货车驶向卸货平台；车上的限位开关接触到卸货平台，电机停止转动，车停下等待卸货；传感器检测到货物被卸完后，电机反向转动，车返回装货平台。

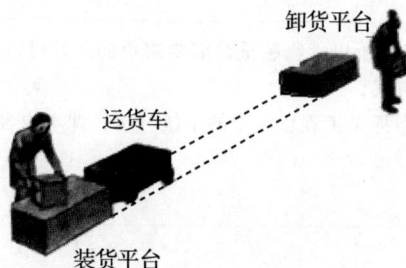

图3-4　自动控制运货车

请完成以下任务。

（1）从"当传感器检测到车上的载货量达到设定值时，控制电路控制电机转动，运货车驶向卸货平台"描述分析，该控制系统应该为何种控制类型？说明其理由。

（2）该运货车检测载货量采用的是什么传感器？如果该传感器灵敏度变差，会产生什么后果？

（3）如果运货车货物装得太重，必然会对电机产生影响。请对该控制系统进行优化，以避免电机的过载运行。

（根据预测试的情况，对原预测试题进行了一些改变，题目由 5 道小题缩减到了 3 道小题，而且对原来的评分标准也做了较大的改变。）

修正后的测试题评分标准见表 3-4。

表 3-4　修正后的测试题评分标准

问题 1：从"当传感器检测到车上的载货量达到设定值时，控制电路控制电机转动，运货车驶向卸货平台"描述分析，该控制系统应该为何种控制类型？说明其理由。 评分标准： 水平 1 能判断该控制为开环控制，并说明理由是输出量对控制不产生任何影响。 修正的理由： 预测试题定为水平 2，预测试结果发现"开环控制的优势是什么"这一问题的区分度不大。因此，正式测试时将其删除，并调整问题，将评分标准定为水平 1。
问题 2：该运货车检测载货量采用的是什么传感器？如果该传感器灵敏度变差，会产生什么后果？ 评分标准： 水平 2 压力传感器；传感器灵敏度变差，可能会产生运货车超载或者控制失灵的后果。 水平 1 压力传感器；传感器灵敏度变差，运货车运行会产生较大误差。 修正的理由： 预测试题定为水平 3，预测试结果发现很难区分三个水平，因此正式测试题定为水平 2。预测试题评分标准过于细化，难以涵盖其他情况，正式测试题标准相对宽泛。
问题 3：如果运货车货物装得太重，必然会对电机产生影响。请对该控制系统进行优化，以避免电机的过载运行。 评分标准： 水平 3 增加超重的提示与报警装置，来避免超重的发生；超重时能够有效地使电机停止转动，实现过载保护。所有的提示、报警与停止控制，都可以被设计为开环控制。其控制过程是：当压力传感器检测到重物超重时，报警器就会报警，且自动切断电机的电源。

29

续表

水平 2
增加超重的提示装置与报警装置。所有的提示、报警与停止控制，都可以被设计为开环控制。其控制过程是：当压力传感器检测到重物超重时，报警器就会报警。
水平 1
增加报警装置。其控制过程是：当压力传感器检测到重物超重时，报警器就会报警。
修正的理由：
预测试题定为水平 4，预测试结果发现水平 4 很少有人能达到，因此正式测试题定为水平 3。预测试题评分标准过于笼统，正式测试题标准相对具体。

第三节　试题属性

基于核心素养的测试题，就是为学生设定一个模拟真实情境中的具体任务，通过解决具体任务来考查学生的核心素养水平。因此，命制试题时应该清楚具体考查的核心素养目标、水平等级、涉及学业质量的内容及水平等级，任务与素养要求的联系是什么，评价依据是什么。命制试题时要根据这些制订试题属性表。通用技术学科题目/题组信息提交表见表 3-5。

表 3-5　通用技术学科题目/题组信息提交表

本题编码		题目/题组	
本题目/题组提交人姓名			
本题目/题组材料是否存在版权问题？			
〔　〕A：不存在	〔　〕B：存在		〔　〕C：不确定
本题目/题组材料来源（请在合适处打"√"，填写或提供相关内容。）	〔　〕A：原创		
	〔　〕B：改编	请提供原试题来源：	
	〔　〕C：某考试题	请提供原试题来源：	
	〔　〕D：某出版物	请提供原试题来源：	
	〔　〕E：其他	请说明：	
本题目/题组测评方式			

通用技术学科题目/题组信息考查表见表 3-6。

表 3-6 通用技术学科题目/题组信息考查表

项目		整体材料	第(1)小题	第(2)小题	第(3)小题
具体素养 （考查的核 心素养）					
具体内容 （涉及的 内容）					
具体情境 （涉及的 情境）					
是否存在学生生活背景、 文化等方面的偏见					
是否存在学生性别方面的偏见					
难度预估					
误解诊查					

注："考查的核心素养""涉及的内容""涉及的情境"均应依据本学科测评框架中的相关内容填写；题目的小题数目依据具体题目而定。

学生作答特征表见表 3-7。

表 3-7 学生作答特征表

不同水平学生作答	第(1)小题		第(2)小题		第(3)小题	
	主要特征	样例	主要特征	样例	主要特征	样例
水平 1 学生作答						
水平 2 学生作答						
水平 3 学生作答						
水平 4 学生作答						
水平 5 学生作答						

第四节　试题质量审核与组卷

一、题目质量审核概述

(一)专家队伍构成

本学科组有熟悉教育测量技术的专家、负责高考命题的高校专家、负责或参与过省级通用技术高考或学业水平考试命题工作的教研员。命题人员都具有丰富的通用技术教学经验，大部分参加过省级通用技术高考或学业水平考试命题工作。在题目审核时，除了负责测评工作、审题工作的专家要审核，还要将命题人员分为两个小组，每个小组5人，两个小组互相审核。

(二)征集的预测试题目数量

第一次征集了44道试题，第二次征集了79道试题。

(三)题目评审组织方式

专家组集中初审，对征集上来的试题提出初步修改建议。

专家组集中评审，请专家分头根据题目质量审核标准对提交的题目打分，将结果填写在通用技术学科题目质量审核评分表内。

评审结果统计工作，除了个别指标为4～4.5分，大部分指标平均分在4.5分以上，为完全符合，仅做细节上的完善后在预测试中被采用；除了个别指标为3.5～4分，大部分指标平均分在4分以上，为基本符合，将参考评审结果组织修改或完善，然后进入预测试，平均分低于3分的试题不被采用。

(四)预测试拟采用题目概况

在第一批44道试题中，6道试题完全符合，21道试题基本符合，结合符合情况，综合考虑素养、内容和情境的分布情况，初步确定20道试题作为预测试拟采用题目。审核得分情况见表3-8。

表3-8　第一批20道拟采用题目审核得分情况

题目编号	与核心素养的相关性	与学科内容的相关性	情境真实性	学生兴趣	题旨明确程度	框架分类适当性	评分标准清晰度	任务复杂性估计	采用的优先程度
ZO0C5-OSJ	4.75	4.50	4.75	4.50	4.75	4.75	4.50	4.25	4.75
ZO0D5-OSJ	4.75	4.50	5.00	4.25	4.50	4.50	4.50	3.75	4.00
ZO0E5-OSJ	4.75	4.75	5.00	4.50	4.25	4.75	4.75	4.00	4.75

续表

题目编号	与核心素养的相关性	与学科内容的相关性	情境真实性	学生兴趣	题旨明确程度	框架分类适当性	评分标准清晰度	任务复杂性估计	采用的优先程度
ZO0M4-OSJ	5.00	4.75	5.00	4.75	4.50	4.50	4.38	4.50	4.75
ZC5T4-OSJ	4.25	4.50	4.50	4.25	4.13	4.38	4.63	3.75	4.00
ZD4E4T4-OSJ	4.50	4.75	5.00	4.75	4.50	4.25	4.25	4.00	4.25
ZO0D3-HYX	4.63	4.50	4.75	4.75	4.13	4.50	4.00	4.50	4.13
ZO0D4-HYX	4.00	4.00	4.75	4.75	4.38	4.50	4.25	3.88	4.38
ZO0D4-HYX2	5.00	4.75	5.00	4.75	4.38	4.50	4.50	4.00	4.38
ZO0M4-HYX	5.00	4.75	5.00	5.00	4.25	4.75	5.00	4.13	4.63
ZC1T5-HYX	5.00	4.75	4.50	4.50	4.50	4.50	4.75	4.25	4.50
ZO0D4-ZHX03	4.63	4.50	5.00	4.75	4.50	4.50	4.50	4.50	4.25
ZO0M3-ZHX	4.50	4.50	5.00	4.75	4.75	4.25	4.50	4.25	4.25
ZC5T2-OMQ	4.38	4.38	4.63	4.25	4.25	4.00	4.00	3.25	3.75
ZM4E3-OMQ	4.10	4.70	4.90	4.20	4.20	4.50	4.20	3.80	4.40
ZO0M3-LYS	4.17	4.42	4.08	4.17	4.50	3.83	4.08	3.92	4.00
ZD2M4-LYS	4.08	4.58	4.25	4.25	4.42	4.08	4.42	4.08	4.42
ZD4E2-LYS	4.50	4.50	4.08	4.50	4.50	4.33	4.33	4.00	4.33
PE2M3-OJT	4.50	4.33	4.17	4.25	4.00	3.83	4.25	4.42	4.08
WD2E2-OJT	4.33	4.33	4.50	4.50	4.17	4.00	4.00	4.17	4.25

在第二批 79 道试题中，23 道试题完全符合，22 道试题基本符合，结合符合情况，综合考虑素养、内容和情境的分布情况，初步确定 45 道试题作为预测试拟采用题目。审核得分情况见表 3-9。

表 3-9　第二批 45 道拟采用题目审核得分情况

题目编号	与核心素养的相关性	与学科内容的相关性	情境真实性	学生兴趣	题旨明确程度	框架分类适当性	评分标准清晰度	任务复杂性估计	采用的优先程度
ZO0C4-OJT2	5.00	4.75	4.75	4.50	4.25	4.75	5.00	4.25	4.88
ZO0T5-OSJ	5.00	4.75	5.00	4.75	4.50	4.75	4.50	4.25	4.75
ZO0T4-ZHX2	5.00	4.50	4.50	4.00	4.75	4.25	4.25	4.75	4.50
ZO0M3-OMQ	5.00	4.40	4.80	4.80	4.80	4.60	4.20	4.60	4.50

续表

题目编号	与核心素养的相关性	与学科内容的相关性	情境真实性	学生兴趣	题旨明确程度	框架分类适当性	评分标准清晰度	任务复杂性估计	采用的优先程度
ZO0T4-ZHX1	5.00	4.50	4.00	4.50	4.25	4.50	4.00	4.00	4.25
ZO0T2-OMQ1	5.00	4.60	4.20	4.20	3.80	4.20	3.80	4.60	4.20
ZO0T4-HYX3	5.00	4.50	4.75	3.75	3.75	4.25	4.25	3.75	3.50
ZO0E2-OMQ	4.80	4.80	4.80	4.20	4.40	4.00	4.00	4.20	4.50
ZO0C2-OMQ	4.80	4.60	4.80	4.40	4.40	4.00	4.00	3.80	4.20
ZO0M4-HYX	4.75	5.00	4.75	4.25	5.00	4.75	4.75	4.50	5.00
ZO0E4-ZHX	4.75	4.75	4.50	4.75	4.25	4.75	4.50	4.75	5.00
WO0E5-OSJ	4.75	5.00	4.75	4.75	4.75	4.25	4.50	4.75	4.75
ZO0E4-OJT1	4.75	4.75	4.75	4.50	4.75	5.00	4.75	4.75	4.75
ZO0T4-HYX4	4.75	4.75	4.75	4.75	4.50	4.75	4.25	4.75	4.75
ZO0T3-LYS	4.75	4.50	4.75	4.50	4.75	4.75	4.75	4.25	4.75
ZO0D2-OMQ	4.75	4.38	4.75	4.13	4.75	4.50	4.71	4.13	4.63
WO0C3-ZHX	4.75	4.25	4.75	4.75	4.25	4.25	5.00	3.75	4.50
MO0M5-OSJ	4.75	4.50	4.25	4.75	4.25	4.50	4.50	4.25	4.38
ZO0D4-OSJ	4.75	4.50	4.50	4.50	4.25	4.25	4.50	4.75	4.38
ZD3E3-ZHX	4.75	4.75	4.25	4.50	4.75	4.25	4.50	4.75	4.25
ZO0T4-HYX2	4.75	4.50	5.00	4.00	4.25	4.25	4.25	3.50	4.25
PO0M4-ZHX	4.75	4.25	4.75	4.75	4.75	4.75	4.25	4.50	4.25
ZO0T3-HYX	4.75	4.25	4.75	4.00	4.00	4.25	4.25	3.75	4.13
PD3M3-OMQ	4.75	4.50	5.00	4.75	4.00	4.50	4.00	4.00	4.00
ZO0C4-HYX	4.75	4.00	4.50	3.75	4.25	4.25	4.25	4.50	4.00
ZO0D3-OMQ1	4.75	3.75	4.50	4.25	4.00	4.00	4.75	3.75	3.50
ZO0D4-ZHX1	4.67	5.00	5.00	4.33	4.33	4.33	4.00	4.33	4.33
ZO0T2-OMQ2	4.60	4.80	4.20	4.60	4.20	4.40	4.00	4.80	4.00
ZM3D2-ZHX	4.50	5.00	4.50	4.50	4.25	4.75	4.00	4.50	4.75

题目编号	与核心素养的相关性	与学科内容的相关性	情境真实性	学生兴趣	题旨明确程度	框架分类适当性	评分标准清晰度	任务复杂性估计	采用的优先程度
WD1T3M2-OMQ	4.50	4.50	4.50	4.50	4.00	4.50	4.50	4.50	4.50
ZO0C5-OSJ1	4.50	4.50	5.00	4.25	4.75	4.75	4.25	4.25	4.50
ZM4E3-OMQ	4.50	4.50	4.00	4.00	4.00	4.00	4.00	4.00	4.50
ZO0D5-OSJ1	4.50	4.50	4.00	4.50	4.00	4.00	4.50	4.00	4.38
ZO0M4-OJT2	4.50	4.25	3.75	4.25	3.50	4.00	4.25	4.25	4.38
ZO0D5-OSJ2	4.50	4.50	4.00	4.00	4.75	4.25	4.50	4.75	4.25
ZO0M4-OJT1	4.50	4.00	4.00	4.00	3.50	3.75	4.00	4.25	4.25
ZO0M2-OMQ1	4.50	4.50	4.25	4.25	4.50	4.50	4.50	4.50	4.13
ZD2M3-HYX	4.50	4.50	4.75	3.75	4.00	4.75	4.38	4.75	4.13
ZO0C3-HYX	4.50	4.25	4.75	4.75	3.50	4.75	4.25	4.25	4.13
ZO0C4-ZHX	4.25	4.25	5.00	4.25	4.50	4.25	4.00	4.25	4.50
ZO0T4-ZHX3	4.25	4.75	4.75	4.25	4.00	4.25	3.25	4.25	4.25
ZO0C4-OJT1	4.25	4.00	4.00	3.75	3.75	4.00	4.25	3.75	4.25
ZO0C5-OSJ2	4.25	4.25	4.50	4.50	3.75	4.25	4.00	4.25	4.00
ZO0T3-LYS2	4.25	4.00	4.25	4.25	3.75	3.75	3.75	3.50	3.88
ZO0T3-HYX2	4.25	4.00	3.50	3.50	3.25	3.75	4.13	3.75	3.38

（五）第一次预测试基本情况

根据题目的核心素养分布、内容分布和难度分布将试题组成 A、B 两套试卷。每套试卷选取 60～80 名学生参加测试。

抽取浙江、海南、陕西（西安）、山东（淄博）4 个地区 8 所学校的学生进行预测试，每个地区 2 所学校，2 所学校的教育质量有差异。每所学校参加 A、B 两套试卷预测试。

从预测试学校随机抽取 20 名学生，一半参加 A 卷预测试，另一半参加 B 卷预测试。然后在参加纸笔测试的学生中，A、B 两组各随机抽取 2 名，共 4 名，接受解题思维访谈（需要录音）。

从解题思维访谈中可以看出，学生对大部分问题的理解是清晰的，基本上能说出问题在问什么，能说出自己解题的过程。主要访谈结果有以下几点。

1. 试题开放性较大，具有一定的难度

试题多为开放题目，考得很具体，面很广，题目信息量大。因此，在做的时候感觉时间比较紧张，没有充足的思考时间。建议正式测试时考虑题量和梯度。

2. 情境设置有趣味性，但个别题目具有一定挑战性

本次题目来源于技术设计实践、生活情境，很有意思，具有现实意义，能真正引导学生将知识应用于现实，能将知识与实际相联系。但个别题目对学生具有一定挑战性。例如，A 卷第 5 题中的隧道、B 卷第 4 题中的自动控制运货车，学生对于此类场景比较陌生，不太好理解，所以做起来难度较大。

3. 题目具有较强的综合性，个别题目有待完善

本次题目注重素养的培养，注重体验和过程。有些题目要求学生具有较强的综合能力，回答时觉得困难。例如，题目中涉及电的发明、水龙头、吊机、母子休闲椅、婴儿床、快运公司平板车、伸缩式遮阳篷。

个别题目有待完善。学生对某些设问的理解不是很清楚，如 A 卷第 3 题的第(4)小题、B 卷第 2 题的第(2)小题。学生某些知识的遗忘会对答题造成干扰，特别是一些名称、概念，如 B 卷第 1 题的第(1)小题和第 6 题的第(4)小题。学生对某些专业术语不理解，如 B 卷第 3 题的第(1)小题中的"直线度"、A 卷第 5 题的第(3)小题中的"数学模型"。

二、试卷研讨及组卷

根据测试结果适当修订试卷，在此基础上形成测试卷 6 套，其中组卷 1 套。每套试卷有 6 道大题，题型为综合分析题，涵盖技术意识、工程思维、创新设计、图样表达、物化能力五个维度的核心素养，试题排列顺序依难度逐渐递增。试卷均为平行卷，其难度水平、预估作答时间基本保持同一水平。另从 5 套试卷中选取 6 道大题作为第 6 套试卷。

表 3-10 是试卷的素养维度及预计作答时间分布表。该表具体呈现了 6 套试卷中每道试题所测量的学科核心素养维度及其所属水平。从纵向来看，可以很明确地看出每套试卷的试题情况。以卷一为例，该卷共有 19 道题，预计作答时间为 106 分钟。技术意识维度有 4 道题，水平 1、2、3、4 各有 1 道题，括号中标注了每道题的预计作答时间。依次向下，可以看出卷一有多少道题分别测量通用技术学科核心素养的五个维度，并且每个水平有几道题。卷 Z 是从 5 套试卷中选取题目组成的第 6 套试卷。从横向来看，可以清晰地看出每种素养每个水平在 6 套试卷中的分布情况。例如，技术意识维度水平 1 的试题有 5 道，卷一、卷三、卷五各有 1 道，卷 Z 有 2 道。

表 3-10　试卷的素养维度及预计作答时间分布表

素养水平		卷一（题号、时间）	卷二（题号、时间）	卷三（题号、时间）	卷四（题号、时间）	卷五（题号、时间）	卷Z（题号、时间）	数量小计（个）
素养A 技术意识	1	1(1)， (4分钟)		1(1)， (4分钟)		4(1)， (3分钟)	1(1)， 4(1)， (7分钟)	5
	2	1(2)， (3分钟)	1(1)， (4分钟)		1(1)， (4分钟)	1(1)， (4分钟)	1(2)， (3分钟)	5
	3	1(3)， (5分钟)	1(2)， (6分钟)	1(2)， (5分钟)		1(2)， (8分钟)	1(3)， (5分钟)	5
	4	1(4)， (6分钟)	1(3)， (8分钟)		1(2)， (8分钟)		1(4)， (6分钟)	4
	5			1(3)， (6分钟)				1
素养B 工程思维	1	5(1)， (3分钟)	4(1)， (4分钟)	2(1)， (3分钟)		2(1)， (4分钟)	2(1)， (3分钟)	5
	2	5(3)， 6(3)， (16分钟)	2(1)， 4(3)， (6分钟)	2(2)， (3分钟)	2(1)， 2(2)， (8分钟)	2(2)， 4(2)， (9分钟)	2(2)， 4(2)， (7分钟)	11
	3	5(2)， (6分钟)	2(3)， 4(2)， (10分钟)	2(3)， (6分钟)	2(3)， (6分钟)	2(3)， 4(3)， (12分钟)	2(3)， 4(3)， (11分钟)	9
	4					4(4)， (8分钟)	4(4)， (8分钟)	2
	5							0
素养C 创新设计	1			4(2)， (3分钟)				1
	2	4(1)， 6(1)， (10分钟)	5(1)， 5(2)， (10分钟)	4(1)， (5分钟)	4(1)， (5分钟)		5(1)， 5(2)， (10分钟)	8
	3	4(2)， 4(3)， (15分钟)	5(3)， (12分钟)	6(2)， (5分钟)	4(2)， (6分钟)	6(1)， 6(2)， (11分钟)	5(3)， (12分钟)	8
	4	6(2)， 6(4)， (17分钟)		4(3)， 6(3)， (25分钟)	4(3)， 6(1)， (24分钟)	6(3)， (10分钟)		7
	5							0

续表

素养水平		卷一（题号、时间）	卷二（题号、时间）	卷三（题号、时间）	卷四（题号、时间）	卷五（题号、时间）	卷Z（题号、时间）	数量小计（个）
素养D 图样表达	1	2(1)，(4分钟)	6(1)，(5分钟)			5(1)，(2分钟)	6(1)，(2分钟)	4
	2	2(2)，(4分钟)		3(1)，(5分钟)	3(1)，3(2)，(7分钟)	5(2)，(4分钟)	6(2)，(4分钟)	6
	3	2(3)，(6分钟)	6(2)，(15分钟)			5(3)，(6分钟)	6(3)，(6分钟)	4
	4			3(2)，(10分钟)	3(3)，(8分钟)			2
	5					5(4)，(10分钟)	6(4)，(10分钟)	2
素养E 物化能力	1	3(1)，(2分钟)	3(1)，(3分钟)			3(1)，(2分钟)		3
	2		3(2)，(5分钟)	5(1)，6(1)，(8分钟)	5(2)，6(3)，(9分钟)		3(2)，(4分钟)	6
	3	3(2)，(5分钟)	2(2)，3(3)，(11分钟)	5(2)，5(3)，(13分钟)	5(1)，6(2)，(10分钟)	3(2)，(10分钟)	3(1)，(5分钟)	9
	4					5(3)，(6分钟)	3(3)，(6分钟)	2
	5							0
小计	数量（个）	19	17	17	17	18	21	109
	时间（分钟）	106	99	101	101	103	109	—

（说明：大部分开放题能区分不同水平的学生，这里只填写最高考核水平。）

基于学科核心素养的测试还处于探索阶段，每道题对应的核心素养的维度测试也是相对的。从严格意义上讲，一道题可能与多个维度有联系，因此试题对某维度的学科核心素养的测试只是相对有侧重而已。

表 3-11 列出了通用技术学科核心素养测评的题目在素养、内容、情境上的分布情况。其中"试题编号"为试题固定编号，如 TY001Q01：前两位 TY 为通用技术学科名称的拼音缩写；第 3~5 位为大题编号；第 6 位为 Q 或 P，纸笔测试题目为 Q，非纸笔测试题目为 P；第 7~8 位为小题编号。"所属大题编号及名称"为该题目在该大题中的试题编号，由于每套试卷只有 6 道大题，因此大题编号为 001~006。技术意识、工程思维、创新设计、图样表达、物化能力为核心素养的五个维度，对应的数字表示该试题所测得的该核心素养维度的水平，空缺代表不测量该维度，因此数字编号为 0~5。内容指该试题所考查的核心概念。情境简单描述了该试题的背景。预测试难度是根据预测试结果计算获得的难度值。预测试区分度是根据预测试结果计算获得的区分值。最后一列为答题时间预估。

表 3-11　题目在素养、内容、情境上的分布一览表

试题编号	所属大题编号及名称	试卷号	素养					内容			情境	预测试难度	预测试区分度	答题时间预估（分钟）
			技术意识	工程思维	创新设计	图样表达	物化能力	技术理解	技术设计	技术应用				
TY001Q01	001（智能插座）	1	1					必修1（1）			反映科技和设计前沿	0.40	0.42	4
TY001Q02	001（智能插座）	1	2					必修1（1）			反映科技和设计前沿	0.93	0.06	3
TY001Q03	001（智能插座）	1	3					必修1（1）			反映科技和设计前沿	0.41	0.37	5
TY001Q04	001（智能插座）	1	4					必修1（1）			反映科技和设计前沿	0.22	0.55	7
TY002Q01	002（多功能拐杖）	1				1			必修1（4）		联系社会生活	0.61	0.12	4
TY002Q02	002（多功能拐杖）	1				2			必修1（4）		联系社会生活	0.13	0.15	4
TY002Q03	002（多功能拐杖）	1				3			必修1（4）		联系社会生活	0.11	0.41	6

续表

试题编号	所属大题编号及名称	试卷号	素养					内容			情境	预测试难度	预测试区分度	答题时间预估（分钟）
			技术意识	工程思维	创新设计	图样表达	物化能力	技术理解	技术设计	技术应用				
TY003Q01	003（敬老院花架）	1					1	必修1（3）		必修1（3）	基于技术设计和实践活动过程	0.54	0.03	3
TY003Q02	003（敬老院花架）	1					3	必修1（3）		必修1（3）	基于技术设计和实践活动过程	0.43	0.35	4
TY004Q01	004（洗头椅）	1			2				必修1（4）		联系社会生活	0.55	0.78	5
TY004Q02	004（洗头椅）	1			3				必修1（4）		联系社会生活	0.44	0.72	5
TY004Q03	004（洗头椅）	1			3				必修1（4）		联系社会生活	0.40	0.76	10
TY005Q01	005（太阳能热水器）	1		1				必修2（4）			联系社会生活	—	—	3
TY005Q02	005（太阳能热水器）	1		3				必修2（4）			联系社会生活	—	—	6
TY005Q03	005（太阳能热水器）	1		2				必修2（4）			联系社会生活	—	—	8
TY006Q01	006（婴幼儿床）	1			2				必修1（3）		联系社会生活	0.90	0.23	5
TY006Q02	006（婴幼儿床）	1			4				必修1（4）		联系社会生活	0.22	0.49	5

试题编号	所属大题编号及名称	试卷号	素养					内容			情境	预测试难度	预测试区分度	答题时间预估（分钟）
			技术意识	工程思维	创新设计	图样表达	物化能力	技术理解	技术设计	技术应用				
TY006Q03	006（婴幼儿床）	1		2					必修1(4)必修2(3)		联系社会生活	0.12	0.50	8
TY006Q04	006（婴幼儿床）	1			4				必修1(6)必修2(1)		联系社会生活	0.20	0.47	12
TY001Q01	001（光伏发电）	2	2					必修1(1)			反映科技和设计前沿	0.83	0.24	4
TY001Q02	001（光伏发电）	2	3					必修1(1)			反映科技和设计前沿	0.33	0.52	6
TY001Q03	001（光伏发电）	2	4					必修1(1)必修2(3)			反映科技和设计前沿	0.21	0.38	8
TY002Q01	002（晾衣架）	2		2				必修2(1)			联系社会生活	0.53	0.04	4
TY002Q02	002（晾衣架）	2				3				必修2(1)	联系社会生活	0.52	0.14	6
TY002Q03	002（晾衣架）	2		3						必修2(1)	联系社会生活	0.02	0.27	5
TY003Q01	003（储物柜）	2					1			必修1(3)	基于技术设计和实践活动过程	0.70	0.03	2

续表

试题编号	所属大题编号及名称	试卷号	素养					内容			情境	预测试难度	预测试区分度	答题时间预估（分钟）
			技术意识	工程思维	创新设计	图样表达	物化能力	技术理解	技术设计	技术应用				
TY003Q02	003（储物柜）	2					2			必修1（3）	基于技术设计和实践活动过程	0.40	0.50	3
TY003Q03	003（储物柜）	2					3			必修1（3）	基于技术设计和实践活动过程	0.36	0.30	3
TY004Q01	004（奶粉干燥器）	2		1				必修2（4）			联系工农业生产	—	—	4
TY004Q02	004（奶粉干燥器）	2		3				必修2（4）			联系工农业生产	—	—	5
TY004Q03	004（奶粉干燥器）	2		2				必修2（4）			联系工农业生产	—	—	6
TY005Q01	005（雨伞架）	2				2				必修1（2）	基于技术设计和实践活动过程	0.41	0.34	3

续表

试题编号	所属大题编号及名称	试卷号	素养					内容			情境	预测试难度	预测试区分度	答题时间预估（分钟）
			技术意识	工程思维	创新设计	图样表达	物化能力	技术理解	技术设计	技术应用				
TY005Q02	005（雨伞架）	2			2				必修1（2）		基于技术设计和实践活动过程	—	—	5
TY005Q03	005（雨伞架）	2			3				必修1（2）		基于技术设计和实践活动过程	0.60	0.39	5
TY006Q01	006（平板车连接件）	2				1		必修1（4）			基于技术设计和实践活动过程	0.34	0.42	3
TY006Q02	006（平板车连接件）	2				3		必修1（4）			基于技术设计和实践活动过程	0.22	0.16	12
TY001Q01	001（卫星定位）	3	1					必修1（1）			反映科技和设计前沿	0.60	0.10	3
TY001Q02	001（卫星定位）	3	3					必修1（1）			反映科技和设计前沿	0.25	0.29	4
TY001Q03	001（卫星定位）	3	5					必修1（1）			反映科技和设计前沿	0.17	0.23	6
TY002Q01	002（手摇充电器）	3		1				必修2（2）			联系社会生活	0.70	0.06	3

续表

试题编号	所属大题编号及名称	试卷号	素养					内容			情境	预测试难度	预测试区分度	答题时间预估（分钟）
			技术意识	工程思维	创新设计	图样表达	物化能力	技术理解	技术设计	技术应用				
TY002Q02	002（手摇充电器）	3		2				必修2（3）			联系社会生活	0.59	0.29	3
TY002Q03	002（手摇充电器）	3		3				必修2（3）	必修1（2）		联系社会生活	0.52	0.44	6
TY003Q01	003（护栏连接件）	3				2			必修1（4）		联系社会生活	0.19	0.60	5
TY003Q02	003（护栏连接件）	3				4			必修1（4）		联系社会生活	—	—	10
TY004Q01	004（窗帘）	3			2				必修1（5）		联系社会生活	0.97	0.27	5
TY004Q02	004（窗帘）	3			1				必修2（4）		联系社会生活	—	—	3
TY004Q03	004（窗帘）	3			4				必修2（4）		联系社会生活	0.14	0.37	8
TY005Q01	005（煎锅锅柄）	3					2			必修1（3）	联系社会生活	0.10	0.65	3
TY005Q02	005（煎锅锅柄）	3					3			必修1（3）	联系社会生活	—	—	6
TY005Q03	005（煎锅锅柄）	3			3					必修1（3）	联系社会生活	—	—	7
TY006Q01	006（大小可调晾衣架）	3					2			必修1（3）	联系社会生活	0.45	0.18	5
TY006Q02	006（大小可调晾衣架）	3			3				必修1（2）		联系社会生活	—	—	5

试题编号	所属大题编号及名称	试卷号	素养					内容			情境	预测试难度	预测试区分度	答题时间预估（分钟）
			技术意识	工程思维	创新设计	图样表达	物化能力	技术理解	技术设计	技术应用				
TY006Q03	006（大小可调晾衣架）	3			4					必修1(2)	联系社会生活	—	—	15
TY001Q01	001（太阳能无人驾驶汽车）	4	2					必修1(1)			反映科技和设计前沿	—	—	4
TY001Q02	001（太阳能无人驾驶汽车）	4	4					必修1(1)			反映科技和设计前沿	—	—	8
TY002Q01	002（自动控制小车）	4		2				必修2(3)			基于技术设计和实践活动过程	0.37	0.13	3
TY002Q02	002（自动控制小车）	4		2				必修2(3)			基于技术设计和实践活动过程	0.39	0.49	5
TY002Q03	002（自动控制小车）	4		3				必修2(3)			基于技术设计和实践活动过程	0.26	0.69	6
TY003Q01	003（组合铝块）	4				2			必修1(4)		基于技术设计和实践活动过程	0.33	0.51	3
TY003Q02	003（组合铝块）	4				2			必修1(4)		基于技术设计和实践活动过程	0.29	0.79	4
TY003Q03	003（组合铝块）	4				4			必修1(4)		基于技术设计和实践活动过程	—	—	8

续表

试题编号	所属大题编号及名称	试卷号	素养					内容			情境	预测试难度	预测试区分度	答题时间预估（分钟）
			技术意识	工程思维	创新设计	图样表达	物化能力	技术理解	技术设计	技术应用				
TY004Q01	004（跨栏架）	4			2					必修1（2）	联系社会生活	0.73	0.56	4
TY004Q02	004（跨栏架）	4			3					必修1（2）	联系社会生活	0.48	0.79	6
TY004Q03	004（跨栏架）	4			4					必修1（2）必修2（3）	联系社会生活	0.22	0.60	10
TY005Q01	005（木凳）	4					3			必修2（1）	联系社会生活	0.69	0.44	4
TY005Q02	005（木凳）	4					2			必修1（7）	联系社会生活	0.28	0.66	4
TY005Q03	005（木凳）	4					4			必修2（2）	联系社会生活	0.55	0.50	6
TY006Q01	006（单杠）	4			4				必修1（2）		联系社会生活	0.45	0.47	15
TY006Q02	006（单杠）	4				3				必修1（3）	联系社会生活	0.25	0.45	5
TY006Q03	006（单杠）	4					2			必修1（3）	联系社会生活	0.28	0.55	5
TY001Q01	001（插线板）	5	2					必修1（1）			联系社会生活	0.80	0.31	4
TY001Q02	001（插线板）	5	3					必修1（1）			联系社会生活	0.40	0.43	5
TY002Q01	002（收费站发卡系统）	5		1				必修1（2）			联系社会生活	1.00	1.00	3

续表

试题编号	所属大题编号及名称	试卷号	素养					内容			情境	预测试难度	预测试区分度	答题时间预估（分钟）
			技术意识	工程思维	创新设计	图样表达	物化能力	技术理解	技术设计	技术应用				
TY002Q02	002（收费站发卡系统）	5		2				必修1（2）			联系社会生活	0.70	0.47	5
TY002Q03	002（收费站发卡系统）	5		3				必修2（3）			基于技术设计和实践活动过程	0.60	0.50	6
TY003Q01	003（鞋架）	5					1	必修1（3）		必修1（3）	联系社会生活	0.15	0.31	3
TY003Q02	003（鞋架）	5					3	必修1（3）		必修1（3）	联系社会生活	0.44	0.48	3
TY004Q01	004（物联网）	5	1					必修1（1）			反映科技和设计前沿	—		3
TY004Q02	004（物联网）	5		2				必修2（4）			反映科技和设计前沿			4
TY004Q03	004（物联网）	5		3				必修2（4）			反映科技和设计前沿			5
TY004Q04	004（物联网）	5		4						必修2（4）	反映科技和设计前沿	—	—	8
TY005Q01	005（自动遮阳篷）	5				1			必修1（6）		联系社会生活	0.84	0.14	2
TY005Q02	005（自动遮阳篷）	5				2			必修1（6）		联系社会生活	0.21	0.36	6
TY005Q03	005（自动遮阳篷）	5				3			必修2（4）		联系社会生活	0.06	0.44	4

续表

试题编号	所属大题编号及名称	试卷号	素养					内容			情境	预测试难度	预测试区分度	答题时间预估（分钟）
			技术意识	工程思维	创新设计	图样表达	物化能力	技术理解	技术设计	技术应用				
TY005Q04	005（自动遮阳篷）	5				5			必修2（4）		联系社会生活	0.09	0.30	15
TY006Q01	006（儿童跷跷板）	5			3				必修1（2）		联系社会生活	0.66	0.55	5
TY006Q02	006（儿童跷跷板）	5			3				必修1（2）		联系社会生活	0.54	0.30	6
TY006Q03	006（儿童跷跷板）	5			4				必修1（2）		联系社会生活	0.34	0.02	10
TY001Q01	001（智能插座）	Z	1					必修1（1）			反映科技和设计前沿	0.40	0.42	4
TY001Q02	001（智能插座）	Z	2					必修1（1）			反映科技和设计前沿	0.93	0.06	3
TY001Q03	001（智能插座）	Z	3					必修1（1）			反映科技和设计前沿	0.41	0.37	5
TY001Q04	001（智能插座）	Z	4					必修1（1）			反映科技和设计前沿	0.22	0.55	7
TY002Q01	002（手摇充电器）	Z		1				必修2（2）			联系社会生活	0.70	0.06	3
TY002Q02	002（手摇充电器）	Z		2				必修2（3）			联系社会生活	0.59	0.29	3
TY002Q03	002（手摇充电器）	Z		3				必修2（3）	必修1（2）		联系社会生活	0.52	0.44	6
TY003Q01	003（木凳）	Z				3				必修2（1）	联系社会生活	0.69	0.44	4

试题编号	所属大题编号及名称	试卷号	素养					内容			情境	预测试难度	预测试区分度	答题时间预估（分钟）
			技术意识	工程思维	创新设计	图样表达	物化能力	技术理解	技术设计	技术应用				
TY003Q02	003（木凳）	Z					2			必修1（7）	联系社会生活	0.28	0.66	4
TY003Q03	003（木凳）	Z					4			必修2（2）	联系社会生活	0.55	0.50	6
TY004Q01	004（物联网）	Z	1					必修1（1）			反映科技和设计前沿	—	—	3
TY004Q02	004（物联网）	Z		2				必修2（4）			反映科技和设计前沿			4
TY004Q03	004（物联网）	Z		3				必修2（4）			反映科技和设计前沿	—	—	5
TY004Q04	004（物联网）	Z		4						必修2（4）	反映科技和设计前沿	—	—	8
TY005Q01	005（雨伞架）	Z			2				必修1（2）		基于技术设计和实践活动过程	0.41	0.34	3
TY005Q02	005（雨伞架）	Z			2				必修1（2）		基于技术设计和实践活动过程	—	—	5
TY005Q03	005（雨伞架）	Z			3				必修1（2）		基于技术设计和实践活动过程	0.60	0.39	5

续表

试题编号	所属大题编号及名称	试卷号	素养					内容			情境	预测试难度	预测试区分度	答题时间预估（分钟）
			技术意识	工程思维	创新设计	图样表达	物化能力	技术理解	技术设计	技术应用				
TY006Q01	006（自动遮阳篷）	Z				1			必修1（6）		联系社会生活	0.21	0.36	6
TY006Q02	006（自动遮阳篷）	Z				2			必修2（4）		联系社会生活	0.06	0.44	4
TY006Q03	006（自动遮阳篷）	Z				3			必修2（4）		联系社会生活	0.09	0.30	15
TY006Q04	006（自动遮阳篷）	Z				5			必修2（4）		联系社会生活	0.09	0.30	15

从表3-11中可以看出，6套试卷都是基于必修1和必修2的内容，考查了人技关系的把握、技术性质的认知、技术责任意识等指标。从试题情境来看，选择的试题情境都是学生熟悉且真实的，以学生日常生活、社会热点、工农业生产和技术实践中的事物和事件为主。它既有常见的生活情境，如敬老院花架、智能插座等；也有农业和工业生产情境，如物联网等；还有技术试验与实践情境，如以跨栏架为载体进行试验等；同时试题还加入了我国前沿科技的内容，如无人驾驶和光伏发电，能使学生树立民族自豪感。

第四章　通用技术学科核心素养测评的组织与阅卷

通用技术学科核心素养的测试工作在浙江、重庆、海南进行。测试工作选取高二和高三学生样本纸笔测试 1957 份、非纸笔测试 281 份，有效作答 1927 份（纸笔测试）、276 份（非纸笔测试）。本章对通用技术学科核心素养测评的组织与阅卷进行介绍与说明。

第一节　测评的组织

一、试卷编制和测试方式

(一)纸笔测试内容

通用技术纸笔测试共 36 个题组，每个题组设有 2～5 道试题，覆盖了技术意识、工程思维、创新设计、图样表达、物化能力五种核心素养。根据素养和水平全覆盖、情境和内容分布均衡、试卷难度和测试时间大致相同的组卷原则，组成 5 套试卷。每套试卷 6 道试题，包括技术意识、工程思维、创新设计、图样表达、物化能力题各 1 道，以及综合题 1 道。再在 5 套试卷中，每套试卷各抽 1 道试题，组成第 Z 套试卷。

(二)非纸笔测试内容

通用技术非纸笔测试有 3 道设计与制作试题，涉及技术意识、工程思维、创新设计、图样表达、物化能力五种核心素养。学生在 3 小时内做其中一道试题，完成一个设计与制作项目。根据学生设计与制作过程的表现、设计的方案、制作的作品以及作品测试结果进行综合评价。通用技术非纸笔测试需要在配有基本工具、设备的通用技术专用教室（或通用技术实践室）里完成。

二、测试样本的选取

根据地域分布、课程实施情况，通用技术学科组决定在浙江、重庆、海南 3 个省市进行测试。其中浙江省测试样本的选取由综合组统一安排，重庆市、海南省测试样本的选取由学科组负责。根据纸笔测试要求，在重庆市、海南省均抽取 6 套 ×

120 名/套共 720 名学生参加纸笔测试，抽取 3 套×80 名/套共 240 名学生参加非纸笔测试；在浙江省抽取 6 套×180 名/套共 1080 名学生参加纸笔测试，抽取 3 套×80 名/套共 240 名学生参加非纸笔测试。

在重庆市、海南省各抽测 3～6 个县(市、区)(要求经济状况均衡分布)，每个县(市、区)抽测 1～2 所普通高中(要求学校性质、办学水平有差异)。要求所抽测的普通高中正常开设通用技术课程，有通用技术专用教室(或通用技术实践室)，并配有基本的工具、设备和材料，如木工工具、木工设备等。每所普通高中抽取 2 个高三班级(或已学完通用技术两个必修模块的高二班级)进行测试。浙江省的抽取方案由综合组统一安排，其中非纸笔测试要求所抽测的普通高中正常开设通用技术课程，有通用技术专用教室(或通用技术实践室)，并配有基本的工具、设备和材料。非纸笔测试每所学校抽测的人数为 24 人。

通用技术纸笔测试实际抽测的学生数与计划中的基本一致，但由于通用技术非纸笔测试受场地的影响，不少学校只有一个通用技术专用教室，一般能容纳 12～15 人，因此原计划抽测 480 人，而实际抽测了 281 人。测试的实际抽测和有效作答学生数见表 4-1。

表 4-1　测试的实际抽测和有效作答学生数

纸笔测试实际抽测学生数	纸笔测试高三学生数	纸笔测试高二学生数	纸笔测试有效作答学生数	非纸笔测试实际抽测学生数	非纸笔测试有效作答学生数
1957	211	1746	1927	281	276

三、测试的年级与时间

本次测试对象为高三年级学生(或已学完通用技术两个必修模块的高二年级学生)。其中在学号末尾为双号的学生中随机抽取 24 名进行通用技术非纸笔测试，其余学生(60 名)进行通用技术纸笔测试。

通用技术学科测试在 1 天内完成，上午、下午各 24 所学校。

每所学校参加通用技术纸笔测试的学生共 60 名，每名学生完成 1 份试卷(每 10 名学生的试卷相同，共 6 套卷)，时间为 120 分钟。

每所学校参加通用技术非纸笔测试的学生共 24 名，每名学生完成 1 道试题(同所学校学生的试题相同)，时间为 180 分钟。

四、测试的前期准备

印刷：纸笔测试卷和答题卡、非纸笔测试卷请综合组帮忙印刷。准考证号由学科组准备。

运送：试卷将由1名学科组成员于测试前1天带到测试学校。

制作材料、工具准备：每所学校根据学科组要求提前准备好材料、工具和设备。

五、测试的组织与实施

(一)场地安排

纸笔测试以一个教室35人左右设计考场，可在普通教室进行，分2个考场。

非纸笔测试要求在通用技术实践室内进行，每所学校安排1个考场。

(二)非纸笔测试学生作品的回收

请学校提前联系快递公司，准备4～6个大快递箱，等非纸笔测试结束后，由监考教师协助通用技术测评专家将学生作品装箱、封装后寄回。

(三)巡视和监考

学科组为每所学校安排1名学科组成员(巡视员)进行巡考，巡视员的主要任务是对试卷的运送、分发与回收过程进行全程监控，保障试卷不遗失和泄密；在测试过程中进行巡视，确保监考教师和考生严格遵守考场纪律。

每所学校安排1位校级领导作为主监；纸笔测试2个考场各安排2名非通用技术学科教师作为监考员；非纸笔测试安排1名非通用技术学科教师和1名通用技术学科教师作为监考员，并配合学科组成员参与非纸笔测试工作。

(四)学生测试

纸笔测试：

测试开始前10分钟，启封卷袋，分发测试卷。

测试结束后，监考员要尽快按顺序收齐试卷，并进行密封。最后主监将各考场密封好的试卷等所有下发材料，悉数上交给学科组成员。

非纸笔测试：

测试开始前10分钟，分发测试卷。

学生在3小时内完成一个设计与制作项目。

非纸笔测试的过程性记录：

由学科组成员负责观察和记录学生的过程性表现，包括个别交流，并负责对学生作品进行照片拍摄和技术测试，监考员负责协助。

测试结束后，监考员要尽快收齐学生完成的设计手册等资料，并悉数上交给学科组成员。学科组成员要及时保存纸笔测试和非纸笔测试所有下发资料，并整理好照片，保存在测试专用U盘中。

六、阅卷和评分

此部分涉及现场评价和阅卷。

现场评价：由现场评分教师根据评分标准对学生的过程性表现进行评价，对学生作品拍照，并对学生的技术试验进行评价（学生根据试验方案进行技术试验）。

阅卷：与纸笔测试一样阅卷，根据评分标准对学生完成的设计手册（包括设计方案、作品照片、试验照片等）进行评分，并综合现场评分进行评价。

第二节　评卷的准备与质量控制方法

一、阅卷员培训准备

（一）挑选培训卷和试评卷，细化阅卷手册

正式阅卷开始前，学科负责人和小组长需一起挑选一些学生的作答样例进行预评分。每道试题需要挑选出 5～15 个样例做培训卷，使得挑选出的样例能够反映评分标准所覆盖的范围，尽量确保阅卷手册中的每一个评分代码都有 5 个及以上的样例。选取的样例要反映出学生回答的差异，对于那些直截了当的题目，可以少一些样例，对复杂的回答，可以增加样例，但最多不超过 25 个。样例尽可能包括各种临界的回答，以帮助阅卷员分辨不同代码之间的边界。这些挑选出来的回答和组长的评分结果可以转化为培训卷。

再挑选出 10 个样例，经过预评以后做试评卷。

此外还要挑选若干样例补充在阅卷手册中，每个评分代码都需要有 3～5 名学生回答样例。

（二）组长的职责

学科组长（题组长）要负责以下工作。

——分配试题。

——分配评分小组（以 4～5 人一组为佳，至少 3 人），在每个小组中聘任一位有开放题评分经验的专家担任小组长。

——与小组长一起做预评，阅卷第一天预先评好培训卷和试评卷，再请全体阅卷员来做培训和评分。

——与小组长一起细化阅卷手册，补充学生回答样例，解决阅卷手册中的疑难问题。

小组长要配合题组长做好培训卷、试评卷挑选及阅卷手册细化等工作；要做好组内培训；对阅卷中有三个阅卷员作出不同评分的情况组织成员讨论形成或独立提出仲裁意见。

(三)每天的阅卷时间

对开放式题目的评分要求长时间高度集中注意力，因此每天的工作时间不超过 8 小时，确保阅卷质量。上午和下午阅卷期间安排 10～15 分钟的短暂休息。

(四)保密纪律

阅卷员必须遵守保密纪律，并签署保密协议，不得向阅卷小组以外的任何人泄漏相关信息。

二、培训和试评

(一)学科组长负责测评框架和阅卷管理要求的培训

阅卷工作开始时的第一次培训包括以下内容。

①概述。请学科组长简要地介绍该领域的测评框架、目的和重要性，以及阅卷工作的整体安排。

②培训与评分的顺序。评分以 1 道大题为单位，培训与评分交替进行。评分之前，先对这道大题进行培训，培训以后，开始评分。直到这道大题中所有小题目都评完以后，再对下 1 道大题进行培训，再评分，这种培训与评分交替进行的方式贯穿整个评分的过程。这样设计的目的是保证阅卷员评分的准确性和一致性。

③让阅卷员自己做一遍试卷。熟悉题目的背景材料和促进对题目本身的理解，也有助于他们提前了解学生将会如何作答。

(二)小组长负责评分内容的培训和试评

从第二次培训开始就是针对每道题目具体的评分内容进行培训了，采用培训与评分交替进行的方式，每次 1 道大题，即先进行 1 道大题的培训，然后进行这道大题的评分，完成后再进入下 1 道大题。每次 1 道大题能确保阅卷员针对亟待评分的试题接受相关培训，从而开展更精确、更具连续性的评分。现在以 1 道大题为例来说明。

第一，让阅卷员熟悉阅卷手册，对照阅卷手册，给自己先前做的试卷打分。

第二，用阅卷手册开展培训。阅卷手册里有一些例子，是每道试题的学生答案。培训者(学科组长)采用小组公开讨论的方式来分析这些评分。受训者可以在这个过程中提问，目的是对每个答案适用的评分代码的理解能达成一致。

第三，用培训卷培训。小组长可以看到每个阅卷员评分的结果与之前学科组长预先评好的结果之间的差异，对差异进行讨论，结合阅卷手册进一步组织分析和学习。

第四，用试评卷试评。网上阅卷的好处是，可以用学生实际的回答来练习评分，练习完以后只要学科组长把所有学生对这道题目的回答重新分配给每个阅卷员，就可以从头开始对这道题目评分了。在试评阶段，每个阅卷员独立对 10 名学生的回答进行评分，在此过程中，阅卷员不能提问，不能咨询其他的阅卷员。当阅卷员完成对

10 名学生的评分后，学科组长请阅卷员提出有疑虑的地方，大家一起讨论。学科组长也可抽取阅卷员对一些回答的评分来讨论，以确保阅卷员对评分标准达成共识，对于错误的评分代码要进行更正。

如果试评结果表明阅卷员作为一个群组整体上还达不到 90％的可靠性水准，那么还要进一步开展培训和试评。如果试评结果显示还有一两名阅卷员在一些领域尚存困难，那么小组长和学科组长要帮他们明确问题所在，并协助他们一起更好地理解阅卷手册。

三、正式评分

(一)纸笔测试的评分

如果试评结果表明阅卷员已经熟悉了评分标准，那么就可以进行后续的评分了。小组长尽量按小题将待评的学生回答分配给阅卷员。一道小题完成后，再分配已经培训过的下一道小题。

等这道大题评分都完成后，小组长可以查看评分一致性情况并向阅卷员做出反馈，对发现的突出问题要回评纠正。

一道大题的评分完成后，再进入下一道大题的培训，培训也包括熟悉阅卷手册和试评的环节。这道大题中所有小题的培训和试评完成后，就进入这道大题的评分。大题评分完成后，小组长可以查看评分一致性情况并做出分析和反馈。

以此类推，直到完成所有大题的评分。

(二)非纸笔测试的评分

非纸笔测试的评分由过程性评价、作品测试与结果评分三部分组成，其中过程性评价是由现场测评专家在测评现场打分，作品测试与结果评分是由三位专家分别打分，对于打分不一致的指标，由三位专家商议确定。以下为某中学通用技术非纸笔测试评分记录表(见表 4-2)。

表 4-2　某中学通用技术非纸笔测试评分记录表

序号	学生姓名	性别	准考证号	评审专家	过程性评价			作品测试			结果评分			描述性记录
					设计过程的经历	工具的选择与使用	完成任务的态度	指标1	指标2	指标3	设计方案	模型	试验结果	
1			5041101	MZJ										
1			5041101	LJM										

序号	学生姓名	性别	准考证号	评审专家	过程性评价			作品测试			结果评分			描述性记录
					设计过程的经历	工具的选择与使用	完成任务的态度	指标1	指标2	指标3	设计方案	模型	试验结果	
1			5041101	GH										
1			5041101	现场测评专家LJM										
1			5041101	评审仲裁结果										

　　在大家的共同努力下，学科组的阅卷工作在规定时间内顺利完成。由于该工作是对学科核心素养测试的探索，在研究试题类型及设问方式时，尽可能考虑到通用技术学科的特殊性，尽可能考虑到如何测出学科核心素养，所以阅卷教师在结合核心素养的评价过程中需要花费更长时间阅读、理解阅卷手册及评分标准，阅卷过程也相对较长。

四、阅卷过程的监控

(一)阅卷过程中可能出现质量问题的环节

　　①阅卷员对试题及评分标准的理解不到位。例如，阅卷员没有充分理解试题的诊断功能，过于死抠某个点在试题中所占的地位，对学生的语言表达缺乏理解，对于某些类别之间的界限分不太清楚，等等。

　　②小组阅卷员之间对评分标准的理解不一致。具体表现为组内不同阅卷员对于同一道试题给出的代码不一致。

　　③阅卷的过程中由于精力、态度、情绪等变化造成评分标准前后不一致。本次阅卷相对来说时间紧、任务重，阅卷员可能会因为精力、态度、情绪等变化出现评分标准前后不一致的情况。

(二)应对措施

　　①在阅卷前的培训过程中要确保每位阅卷员对试题及评分标准理解到位。具体措施包括：小组内成员充分探讨同一道试题的评分代码，直至达成一致；按试题的考查内容划分阅卷小组后，每位阅卷员固定评阅一道试题。

　　②小组长要确保组内阅卷员之间对评分标准理解的一致性达到95％以上，方可

进入正评阶段。

　　阅卷员经过阅卷培训之后，在阅卷之前，要和本组成员对一定数量的试卷进行现场评分，如果评分一致性达到 95％以上，便可结束培训。如果一致性低于 95％，则继续讨论观点不同的地方，另外再调出一定数量的答卷(10 份左右)进行评阅，直至一致性达到 95％以上，方可结束培训，进入正式阅卷阶段。

　　阅卷员在正式阅卷过程中，若难以判断学生的回答属于哪一个编码，要主动与原命题人或阅卷小组的负责人商量。

　　③阅卷过程中进行质量监控，随时提醒阅卷员了解自己的评分情况并及时做出调整，以保证阅卷质量。

　　阅卷工作专门设有监督人员，在每天的三个时段及时对各阅卷员的阅卷情况进行监控和记录。每次值班的中间时刻都要对阅卷员的误差情况进行监控和处理，并且及时对处理情况做出详细记录，填写好阅卷误差统计表。

　　④小组长(或值班人员)负责对阅卷员的身份进行识别和核对。

　　阅卷员签订保密协议后开始工作。

第三节　评分标准的修订

　　通用技术课程培养的是学生的技术意识与技术素养，相对于其他学科有较大的不同，对学科核心素养的测评也是第一次，没有过去的有价值的参考文献，所以在试题的情境、试题的设问方式、测试的维度等方面都是边摸索边前进，这也给阅卷工作带来了较大的难度。由于有些参与阅卷的老师对测试内容不了解，增加了阅卷过程中需要仲裁题目的数量，各阅卷组需要在组长的统一带领下，根据试评发现的问题及时修订评分标准。评分标准的修订主要体现在以下方面。

一、尽可能厘清各素养之间的关系

　　解读通用技术学科核心素养，发现有些内容在多种核心素养中出现，比如技术试验就在创新设计素养、物化能力素养、工程思维素养中均有体现，阅卷时需要考虑它们的关系并关注主要测评的方向。

　　比如卷四第 6 题第(1)小题问：若要实现单杠在不使用时可以靠墙壁收起的功能，需要对底座与支撑臂的连接结构进行改进，请你画出改进后的底座与支撑臂连接的设计草图(只需要画出一个组合)，必要时可用文字说明。答题时需要学生考虑制作的可行性(物化能力)、安装的方法与位置(工程思维)、所绘图样表达的意思(图样表达)。

二、尽可能明晰水平之间的界限，适当调整水平

根据阅卷员的反馈，由于此次开放类、文字描述类题目增加，各水平之间的界限变得模糊，阅卷员很难把握学生的作答属于哪个学科素养水平。比如学生的现场制作的作品、学生的过程性评价、学生的设计图等有些时候区分度很小，对水平的划分要有个标准。

比如卷四第 6 题第(2)小题问：若要把改进后的墙壁单杠安装在水泥墙壁上，选择以下哪种连接件？并说明理由。相对应还需要哪些工具？

A. 膨胀螺栓	B. 塑料膨胀螺丝	C. 水泥钢钉	D. 铆钉

在原来的评分标准中，如果能合理地选择连接件，理由充分，且比较全面合理地选择工具，则给予水平 3 的评价，但讨论后认为给予的评价过高，调整为水平 2。

第五章 学科核心素养测评结果分析

根据测试结果，可以初步得出学生核心素养测试的结论。根据测试的信息为核心素养水平的修订与完善提供建议。在教育部统一部署下，通用技术学科邀请本领域内有经验的专家进行盲审，在盲审的基础上提炼试题特征和核心素养的水平描述，由此对学科核心素养水平等级进行合理的调整。

第一节 不同水平学生学科核心素养的表现

一、各素养等级区间的学生的表现

表 5-1 是针对五种核心素养等级区间学生人数的对应比例。根据不同测试卷中的题目对应的核心素养的得分情况，将素养等级分为六个区间。

表 5-1　各素养等级区间人数分布情况

素养等级区间	技术意识		工程思维		创新设计		图样表达		物化能力	
	人数	比例/%	人数	比例/%	人数	比例/%	人数	比例/%	人数	比例/%
0～0.5	15	0.78	93	4.83	91	4.72	237	12.31	303	15.72
0.5～1.5	530	27.53	1048	54.41	628	32.59	1171	60.83	1311	68.03
1.5～2.5	1255	65.19	779	40.45	1069	55.47	511	26.55	311	16.14
2.5～3.5	121	6.29	6	0.31	139	7.21	6	0.31	2	0.10
3.5～4.0	0	0	0	0	0	0	0	0	0	0
4.0 以上	4	0.21	0	0	0	0	0	0	0	0
合计	1925	100.00	1926	100.00	1927	99.99	1925	100.00	1927	99.99

从表 5-1 中可以看出，人数主要集中在素养等级 0.5～2.5 区间，占 80% 以上。其中，在素养等级 0.5～1.5 区间，技术意识有 27.53%，工程思维有 54.41%，创新设计有 32.59%，图样表达有 60.83%，物化能力有 68.03%；在素养等级 1.5～2.5 区间，技术意识有 65.19%，工程思维有 40.45%，创新设计有 55.47%，图样表达

有 26.55%，物化能力有 16.14%；此外，在素养等级 2.5～3.5 区间，技术意识有 6.29%，工程思维有 0.31%，创新设计有 7.21%，图样表达有 0.31%，物化能力有 0.10%。

表 5-2 对应的是根据五种核心素养的检测结果，将学生的能力值区间分为 12 个区间，从 −2.5 以下作为第一个区间，到 2.5 以上作为第 12 个区间，以不同地区不同学校的学生作答测试题为依据所统计的真实表格。

表 5-2　各素养能力值区间人数分布情况

能力值区间	技术意识		工程思维		创新设计		图样表达		物化能力	
	人数	比例/%	人数	比例/%	人数	比例/%	人数	比例/%	人数	比例/%
−2.5 以下	0	0	0	0	0	0	0	0	0	0
−2.5～−2.0	6	0.31	0	0	0	0	0	0	0	0
−2.0～−1.5	28	1.45	1	0.05	14	0.73	11	0.57	1	0.05
−1.5～−1.0	66	3.43	26	1.35	44	2.28	68	3.53	40	2.08
−1.0～−0.5	250	12.99	230	11.94	238	12.35	302	15.69	261	13.54
−0.5～0	561	29.14	712	36.97	648	33.63	570	29.61	662	34.35
0～0.5	612	31.79	659	34.22	627	32.54	568	29.51	646	33.52
0.5～1.0	333	17.30	276	14.33	318	16.50	313	16.26	262	13.60
1.0～1.5	64	3.32	19	0.99	35	1.82	78	4.05	49	2.54
1.5～2.0	4	0.21	3	0.16	2	0.10	12	0.62	4	0.21
2.0～2.5	1	0.05	0	0	1	0.05	2	0.10	2	0.10
2.5 以上	0	0	0	0	0	0	1	0.05	0	0
合计	1925	99.99	1926	100.01	1927	100.00	1925	99.99	1927	99.99

从表 5-2 中可以看出，人数主要集中在能力值 −1.0～1.0 区间，占 90% 以上。

在技术意识素养中，人数比较多的分别为能力值 0～0.5 区间（占 31.79%）、能力值 −0.5～0 区间（占 29.14%）、能力值 0.5～1.0 区间（占 17.30%）、能力值 −1.0～−0.5 区间（占 12.99%），此外有 3.32% 在能力值 1.0～1.5 区间。

在工程思维素养中，人数比较多的分别为能力值 −0.5～0 区间（占 36.97%）、能力值 0～0.5 区间（占 34.22%）、能力值 0.5～1.0 区间（占 14.33%）、能力值 −1.0～−0.5 区间（占 11.94%）。

在创新设计素养中，人数比较多的分别为能力值 −0.5～0 区间（占 33.63%）、能力值 0～0.5 区间（占 32.54%）、能力值 0.5～1.0 区间（占 16.50%）、能力值 −1.0～

−0.5 区间(占 12.35%)。

在图样表达素养中，人数比较多的分别为能力值−0.5～0 区间(占 29.61%)、能力值 0～0.5 区间(占 29.51%)、能力值 0.5～1.0 区间(占 16.26%)、能力值−1.0～−0.5 区间(占 15.69%)，此外有 4.05% 在能力值 1.0～1.5 区间。

在物化能力素养中，人数比较多的分别为能力值−0.5～0 区间(占 34.35%)、能力值 0～0.5 区间(占 33.52%)、能力值 0.5～1.0 区间(占 13.60%)、能力值−1.0～−0.5 区间(占 13.54%)。

不同百分等级下各素养等级分数与能力值对应表见表 5-3，即根据原始的分值进行统计，并按照每一档增大 5% 进行统计，总共分为 19 档。由表 5-3 可知，五种核心素养的能力值随着百分等级的累积不断增大，趋势明显，可见各核心素养不同水平之间的分布合理。

表 5-3　不同百分等级下各素养等级分数与能力值对应表

百分等级	技术意识		工程思维		创新设计		图样表达		物化能力	
	原始分	能力值	原始分	能力值	原始分	能力值	原始分	能力值	原始分	能力值
5%	1.00	−1.02	0.40	−0.71	0.25	−0.84	0	−0.97	0	−0.79
10%	1.00	−0.73	0.60	−0.57	0.50	−0.63	0.25	−0.74	0.20	−0.61
15%	1.20	−0.56	0.75	−0.47	0.75	−0.51	0.33	−0.61	0.33	−0.52
20%	1.33	−0.46	0.83	−0.39	0.80	−0.41	0.50	−0.50	0.50	−0.42
25%	1.33	−0.36	1.00	−0.31	1.00	−0.32	0.50	−0.40	0.50	−0.35
30%	1.40	−0.27	1.00	−0.24	1.17	−0.24	0.67	−0.31	0.50	−0.28
35%	1.50	−0.19	1.00	−0.18	1.33	−0.18	0.67	−0.24	0.60	−0.21
40%	1.60	−0.10	1.20	−0.12	1.33	−0.11	0.75	−0.15	0.75	−0.13
45%	1.67	−0.03	1.25	−0.06	1.50	−0.05	1.00	−0.07	0.80	−0.07
50%	1.67	0.03	1.33	0	1.67	0.02	1.00	0.01	1.00	0
55%	1.67	0.11	1.33	0.07	1.67	0.08	1.00	0.08	1.00	0.07
60%	1.67	0.17	1.40	0.13	1.83	0.16	1.00	0.15	1.00	0.14
65%	1.67	0.25	1.50	0.20	2.00	0.23	1.00	0.24	1.00	0.21
70%	1.80	0.33	1.60	0.27	2.00	0.30	1.25	0.33	1.00	0.28
75%	2.00	0.42	1.67	0.34	2.00	0.38	1.33	0.43	1.25	0.34
80%	2.00	0.51	1.67	0.42	2.33	0.47	1.50	0.53	1.25	0.43

百分等级	技术意识		工程思维		创新设计		图样表达		物化能力	
	原始分	能力值	原始分	能力值	原始分	能力值	原始分	能力值	原始分	能力值
85%	2.00	0.63	1.80	0.52	2.33	0.56	1.50	0.65	1.50	0.54
90%	2.25	0.76	2.00	0.61	2.33	0.67	1.67	0.78	1.50	0.67
95%	2.50	0.92	2.00	0.74	2.50	0.80	1.75	1.00	1.75	0.85

二、具体试题中的学生的表现概述

(一)学生的技术意识水平参差不齐，对一些技术概念的理解存在偏差

案例(卷三第 1 题 3-1)分析：

材料 1：世界上成熟的定位系统有美国的 GPS、俄罗斯的 GLONASS、中国北斗卫星定位系统和欧洲伽利略卫星导航定位系统，各国的定位系统所用的基础原理相近。图 5-1 是我国自主研发的北斗卫星定位系统原理示意图。主控站用于系统运行管理与控制；监控站用于监控卫星是否沿预定轨道运行、设备是否正常工作等；注入站用于向卫星发送信号，对卫星进行控制管理；用户端即用户的终端；接收机需要捕获并跟踪卫星的信号，根据数据按一定的方式进行定位计算。

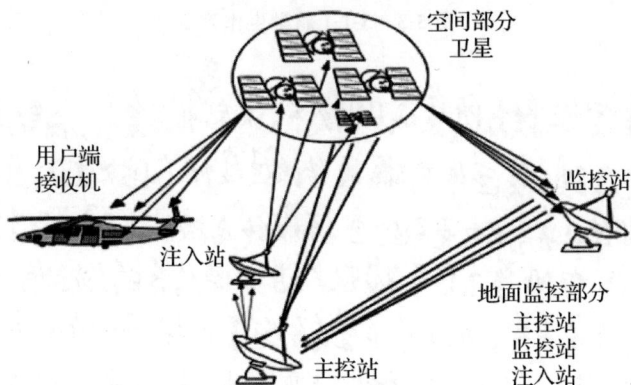

图 5-1　我国自主研发的北斗卫星定位系统原理示意图

材料 2：目前卫星定位系统已从军事导航定位转入民用，被广泛应用在汽车导航、紧急救援、精细农业监控等方面。例如，把 GPS 定位模块应用在老人手机和儿童手机定位上，当出现走失时，可以用技术手段获取移动手机用户的位置信息(经纬度坐标)。

请完成以下任务。

3-1-1. 分析材料 1，说说卫星定位系统集成了哪些技术。

3-1-2. 结合材料2，从技术的两面性出发，分析卫星定位系统应用在手机中有哪些优点与缺点。

3-1-3. 结合材料1，从技术创新性和专利性出发，分析我国为什么要开发北斗卫星定位系统。另外，你认为卫星定位技术还可以应用在什么领域，请列举1个领域。

3-1-1题考查学生对技术综合性的理解，要求学生通过分析具体技术案例，能说出其中综合运用的技术知识。在作答时，一部分学生描述的技术较为笼统，缺乏准确性，还有一部分学生将技术和科学相互混淆，认为一些原理和定律也属于技术范畴。以下是几名学生的作答，见图5-2、图5-3、图5-4。

图 5-2　3-1-1 题学生作答 1

图 5-3　3-1-1 题学生作答 2

图 5-4　3-1-1 题学生作答 3

在图5-2和图5-3中，学生回答得较为笼统，如"接收与处理技术"的完整表述是"信号接收与处理技术"，"航天技术"的范围非常广泛，卫星定位系统属于航天技术的一部分。图5-4中的"无线电技术"基于电磁波理论，运用无线电进行定位，属于技术活动，研究无线电原理（电磁波理论）属于科学活动，学生在答题过程中将技术与科学相混淆。从上面学生作答的情况可以看出，学生对技术的概念理解不深入，对相关技术名称不了解，技术意识有待提高。

3-1-2 题考查学生对技术两面性的掌握情况，能否从正反两方面分析技术现象。绝大部分学生能列举该项技术的正面意义，个别学生无法说明该项技术的缺点。以下是几名学生的作答，见图 5-5、图 5-6、图 5-7。

优点：①方便汽车导航；②有利于对人员的救援；
③可以借助GPS寻找走失老人和儿童。
④有利于农业或工上的监控。

缺点：①使不法分子更易定位到我们自身的信息；
②使自己的信息暴露在网络黑空间里。

图 5-5　3-1-2 题学生作答 1

优点：当手机丢失时，可以用技术手段获取移动
手机位置，便于找回（定位）。

缺点：信息容易暴露，不安全。

图 5-6　3-1-2 题学生作答 2

优点：当出现走失时，可以用技术手段获取移
动手机用户的位置信息。

图 5-7　3-1-2 题学生作答 3

图 5-5 的作答能结合信息，从正反两方面合理分析技术现象；图 5-6 的作答也是从正反两方面分析的，但不够详细，优点和缺点都只写出了一个；图 5-7 的作答只分析了优点。从学生的作答可以看到，学生知道两面性必然是技术对人类好的一面与不好的一面，能结合自身的认识举出相应的例子。但是要从深层次理解两面性，就需思考以下问题：同一项技术为什么会从好的一面转化为不好的一面？人的因素在其中起到了什么作用？关于这类问题的解答，并没有出现在学生的作答中。

对 3-1-3 题，学生的答题水平差异较大，以下分成三个水平，分别给出了学生的

作答情况，见图 5-8、图 5-9、图 5-10。

水平 3：能分析和评估。能合理地提出一个应用。

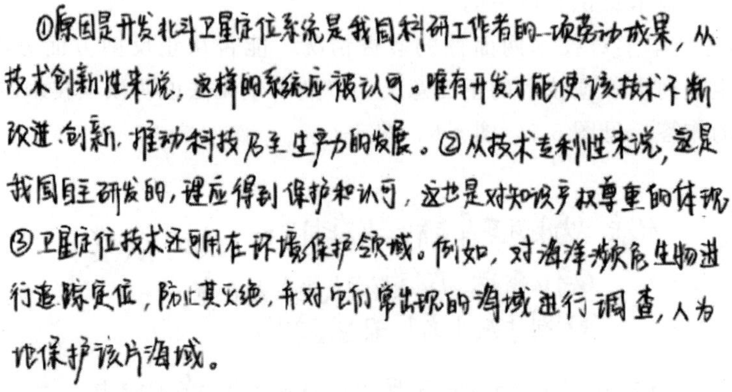

①原因是开发北斗卫星定位系统是我国科研工作者的一项重动成果，从技术创新性来说，这样的系统应被认可。唯有开发才能使该技术不断改进、创新，推动科技后生生产力的发展。②从技术专利性来说，这是我国自主研发的，理应得到保护和认可，这也是对知识产权尊重的体现。③卫星定位技术还用在环境保护领域。例如，对海洋濒危生物进行追踪定位，防止其灭绝，并对它们常出现的海域进行调查，人为化保护该片海域。

图 5-8　3-1-3 题学生作答 1

水平 2：能笼统地进行分析和评估。提出的应用较不合理。

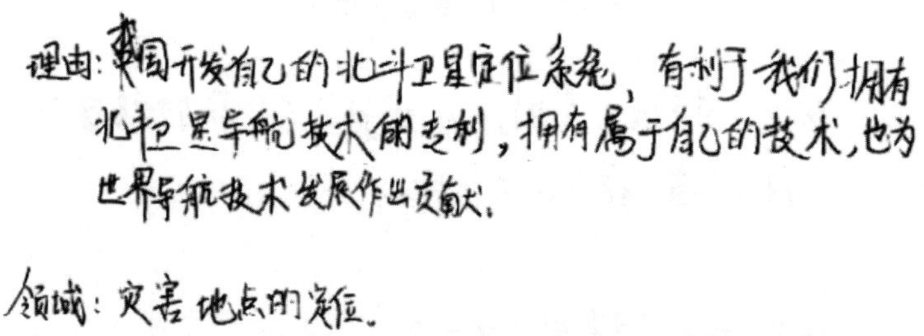

理由：我国开发有自己的北斗卫星定位系统，有利于我们拥有北斗卫星导航技术的专利，拥有属于自己的技术，也为世界导航技术发展作出贡献。

领域：灾害地点的定位。

图 5-9　3-1-3 题学生作答 2

水平 1：只能提出模糊的观点，没有分析。提出的应用不合理或没提出应用。

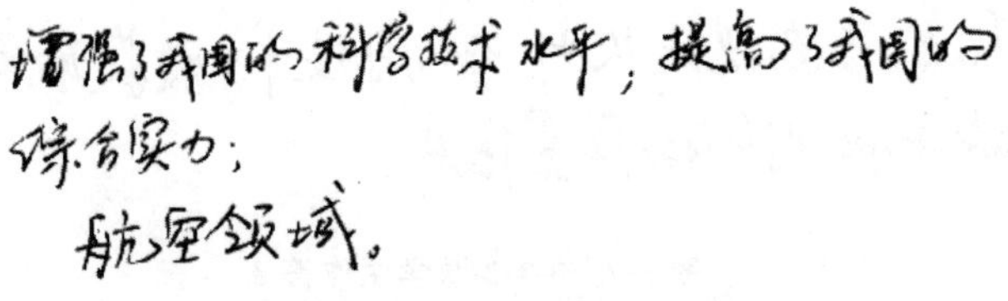

增强了我国的科学技术水平，提高了我国的综合实力；

航空领域。

图 5-10　3-1-3 题学生作答 3

(二)学生的图样表达和工程思维素养水平整体不高

在测试中，学生图样表达素养的表现不是很理想，普遍存在结构整体功能表达不清晰和重要构件表达不清晰等问题。学生的工程思维素养也存在不足，体现为不能全面地运用结构、系统和控制的基本思想和方法来解决问题。

案例(卷五第 5 题 5-5)分析：

图 5-11 是一款自动伸缩式遮阳篷的示意图。当控制器接收到传感器检测到的雨

水、阳光等感应信号后，启动电机带动转轴，推动前杆运动，实现遮阳篷的展开或收拢。请完成以下任务。

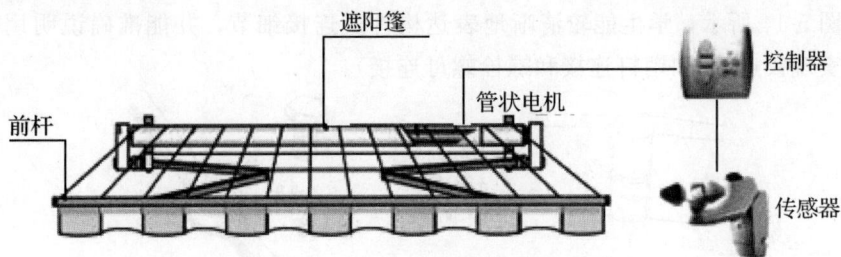

图 5-11 自动伸缩式遮阳篷的示意图

5-5-1. 为了实现前杆前后移动的功能，要依靠可活动的关节。请在图中用圆圈标出这些关节的位置。

5-5-2. 如图 5-12 所示的伸缩杆圆圈部分采用的是铰连接，两杆之间可以绕轴转动。请用草图绘制该连接部分的详细结构。

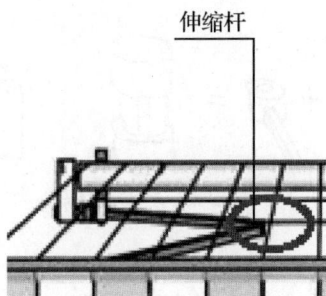

图 5-12 伸缩杆示意图

5-5-3. 在使用过程中，发现前杆不能前伸与收回。根据示意图，分析产生问题的原因可能有哪些。

5-5-4. 现在要设计一个可自动伸缩的晾衣架，下雨时，晾衣架能自动收回。请用草图(可参考遮阳篷的设计)表达你的设计，必要时用文字说明。

5-5-1 题考查在某一具体结构中辨别出铰连接。题目中提到的能实现前后伸缩移动功能的活动关节，就是铰连接。学生一般都能圈出正确的位置，如图 5-13 所示。

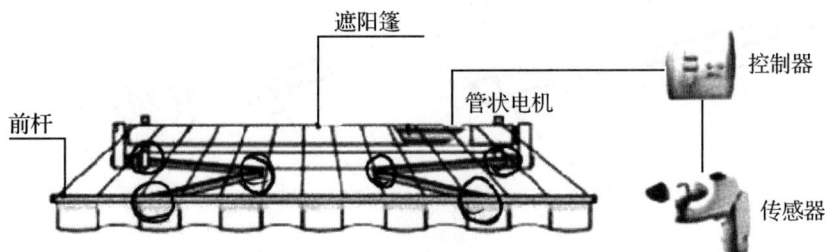

图 5-13 5-5-1 题学生作答

5-5-2 题考查铰连接在实践中的应用。学生要掌握至少一种铰连接的具体表现形式。

如图 5-14 所示，学生能较清晰地表达构件及连接细节，并能准确说明用哪种紧固件来实现铰连接（如销钉连接和螺栓螺母连接）。

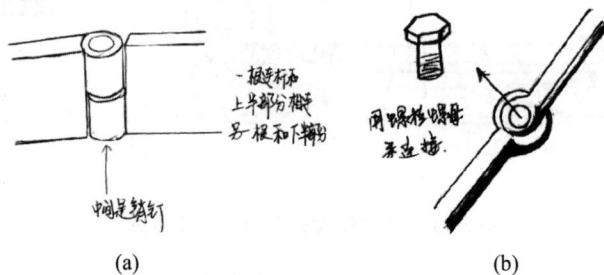

图 5-14　5-5-2 题学生作答 1

如图 5-15 所示，学生能较清晰地表达构件及连接细节，但没有用文字说明用哪种紧固件来实现铰连接。

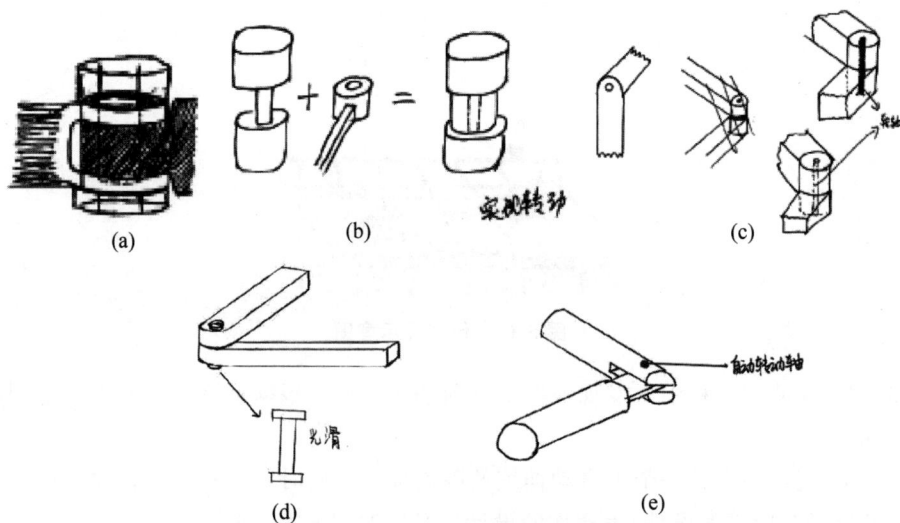

图 5-15　5-5-2 题学生作答 2

如图 5-16 所示，能看出学生是在描绘铰连接，但无法看出连接细节。

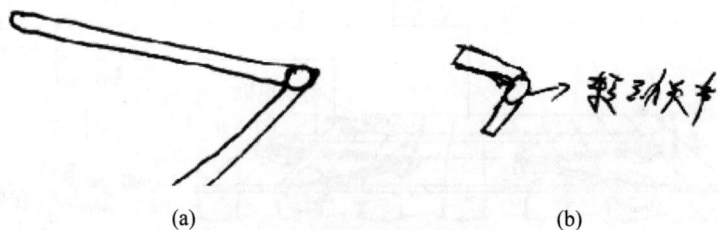

图 5-16　5-5-2 题学生作答 3

　　按照本小题的要求，图 5-14 和图 5-15 满足绘制连接部分详细结构的要求，图 5-16 未达到要求。学生的作答情况说明，绝大部分学生能描绘出铰连接的结构，但还有部分学生没法描述连接细节，这部分学生的图样绘制能力有待提高。

　　5-5-3 题需要学生进一步分析结构的工作过程。只有在了解结构工作时的前推与后收的不同状况，对各种连接点有一定的认知的情况下，才能分析出其故障的原因。不同学生之间的答题水平差异较大，以下分成三个水平，分别给出了学生的作答情况，见图 5-17、图 5-18、图 5-19。

　　水平 3：能合理分析出 2 个以上的原因。

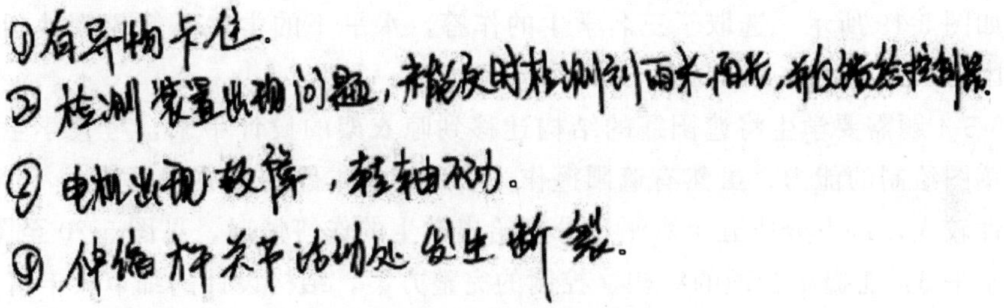

图 5-17　5-5-3 题学生作答 1

　　如图 5-17 所示，水平 3 的学生能从遮阳篷的各个组成部件考虑可能的故障原因，如检测装置、控制器、电机、转轴等不同部件的故障，是对结构、控制和系统的基本思想的运用。在表达故障原因时，也能用到"检测装置""反馈""控制器""转轴"等技术专用词语，体现了学生较高水平的通用技术学科核心素养。

　　水平 2：能合理分析出 2 个原因。

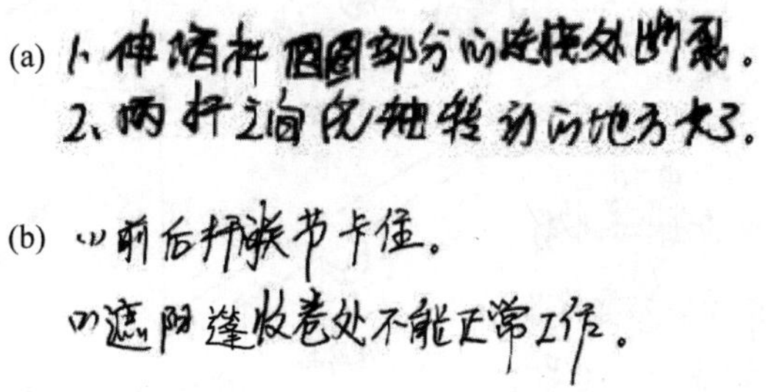

图 5-18　5-5-3 题学生作答 2

　　如图 5-18 所示，选取了两名学生的作答，水平 2 的学生能从结构角度提出 2 个故障原因，如伸缩杆、两杆之间、收卷处等部件的故障。

　　水平 1：能合理分析出 1 个原因。

(a) *生锈，固定死了。*

(b) *转动轴里面的设备已经生锈。*

(c) *可活动的关节处此阻引问题，如伸缩杆处的铰连接被破坏了，不能使两杆绕轴转动。*

图 5-19　5-5-3 题学生作答 3

如图 5-19 所示，选取了三名学生的作答，水平 1 的学生只能模糊地指出 1 个故障原因，个别表述较为口语化，如"固定死了"。

5-5-4 题需要学生将遮阳篷的结构迁移到晾衣架的设计中来，考查学生的结构设计和草图绘制的能力。虽然有遮阳篷作为参考，但本题的开放程度较大，学生的答题差异性较大，以下分成五个水平，分别给出学生的作答情况，见图 5-20 至图 5-25。

水平 5：能提出合理的结构、控制的完整方案，结构设计的细节较丰富。

无合适的学生答题示例，学生在结构功能实现和结构设计的细节上表现欠佳。

水平 4：能提出结构、控制的完整方案，结构设计的细节较粗糙。

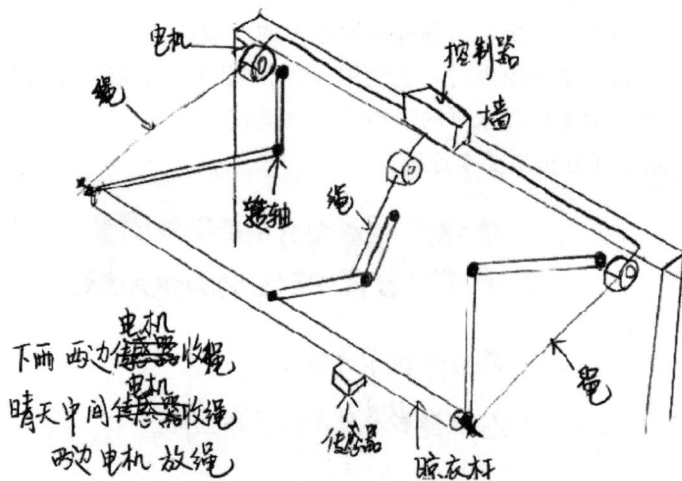

图 5-20　5-5-4 题学生作答 1

如图 5-20 所示，学生在控制系统的设计方案中，采用了控制器、电机、传感器等装置，在结构的设计方案中，采用了连杆、绳等部件，能用立体图表现出完整的设计方案。但是具体的细节比较粗糙，如连杆之间是如何通过转轴相连的，连杆是如何与墙面相连的，控制器是如何接收传感器信号的，又是如何控制电机的，电机是如何驱使晾衣杆伸缩的，以上问题都无法在设计草图中找到答案。

水平 3：能提出结构、控制的较完整方案，结构设计的细节较粗糙。

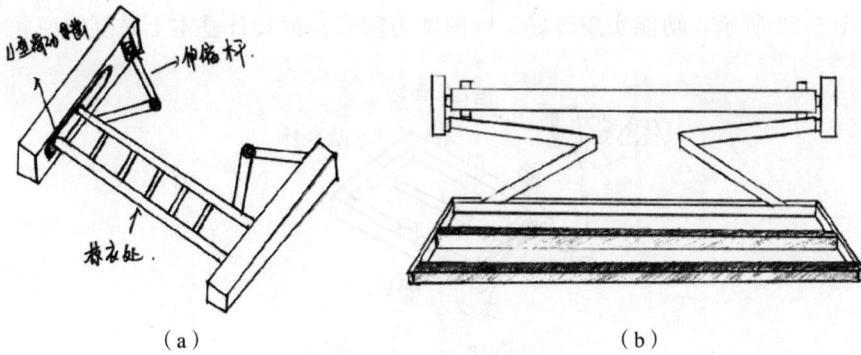

（a）　　　　　　　　　　　　（b）

图 5-21　5-5-4 题学生作答 2

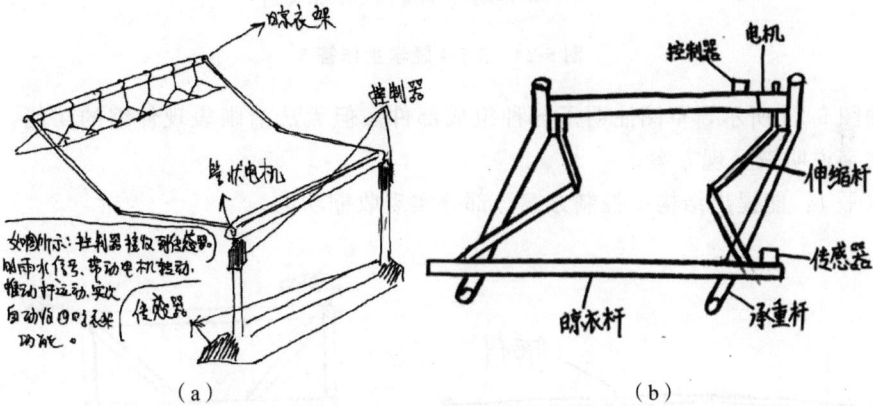

（a）　　　　　　　　　　　　（b）

图 5-22　5-5-4 题学生作答 3

　　如图 5-21 所示，一部分水平 3 的学生能提出较完整的结构方案，但没有指出控制系统的组成部件，结构设计的细节也较粗糙。如图 5-22 所示，一部分水平 3 的学生能指出控制器等控制系统的组成部件，但没有完整表现出实现结构功能的细节，如无法确定图中杆与杆之间的连接是铰连接。

　　水平 2：能提出结构、控制方案，较好实现收缩功能。

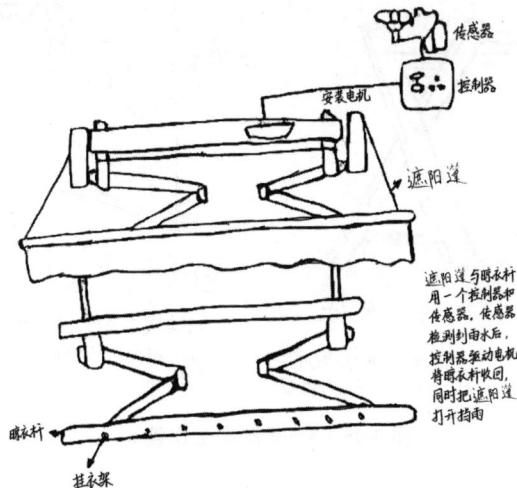

图 5-23　5-5-4 题学生作答 4

如图 5-23 所示，功能实现较好，绘图能力较强，但设计基本上是复制原题。

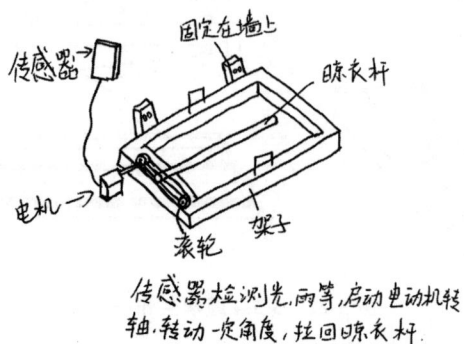

图 5-24　5-5-4 题学生作答 5

如图 5-24 所示，草图注明了各种组成部件，但无法清晰表现伸缩的功能，只能根据文字说明来呈现方案。

水平 1：能提出结构、控制方案，部分实现收缩功能。

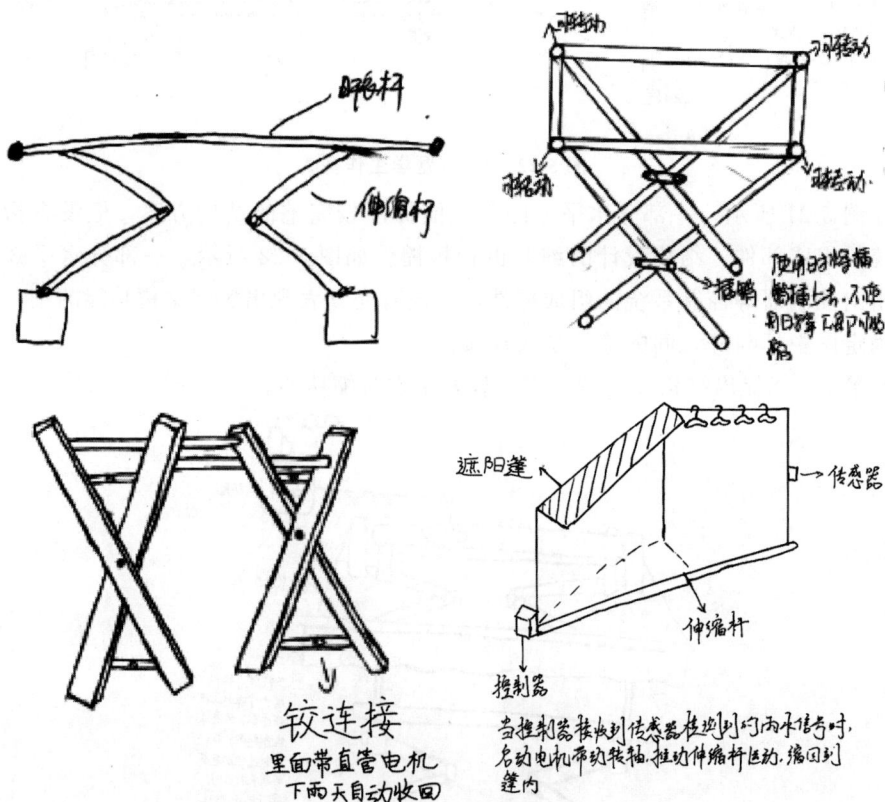

图 5-25　5-5-4 题学生作答 6

如图 5-25 所示，四幅草图都能部分实现伸缩功能，但没有画出电机，只能手动伸缩。

从水平 2 和水平 1 的学生作答情况可以看出，学生在思考设计方案时，没有根据题目要求全面和系统地考虑该设计所需要实现的功能，说明工程思维素养对于学生完成方案设计是非常重要的。

第二节 学科核心素养水平的修订

为了保证对核心素养的提炼和水平划分的科学性，在盲审的基础上提炼题目特征和核心素养的水平描述，并与学科核心素养最初的预设水平进行比较，最后对学科核心素养的不同水平划分与描述进行调整和完善。

一、盲审工作的准备与开展

题目特征提取和核心素养水平分析的工作由盲审专家承担，盲审专家是学科教学领域的专家，了解核心素养的理念，知道学科核心素养的定义（由学科组提供），但是有三个方面的情况必须是不了解的：一是不了解核心素养的水平描述，二是不了解每个题目所测评的素养水平，三是不了解学生在测量学分析上的素养水平。

(一)盲审工作的目的

盲审工作包括题目特征提取、学生核心素养等级划分、核心素养水平分析三部分。通过盲审工作，可以从题目特征提取的描述中判断题目是否体现了新情境中的知识技能迁移，这其实考查的就是素养的本质；根据学生核心素养等级划分，调整原定水平划分情况；根据核心素养的水平描述，修改课标中对各个素养水平的描述。

(二)盲审工作的准备

为了保证盲审工作的顺利进行，同时使盲审具有一定的典型性与普遍性，在盲审前需要进行一些准备工作。

题目的选取。根据测试的需要，针对每种核心素养选取 5 道题目，要求题目具有一定的区分度，难度分布均匀。通用技术学科分为五种核心素养，即题目有五个方面的维度，而每个维度都选取不同方向上的 5 道题目。

核心素养测试的目的、背景及核心素养的分类和定义介绍。由测试组长准备相关材料，向盲审专家具体讲述，但不告知具体的水平描述。

学生作答卷的选取。技术人员根据选取的题目抽调学生的答卷，按题目提供给盲审专家组。

(三)盲审工作的开展

题目特征提取和核心素养水平分析包括以下环节：独立做题—对题目进行特征提

取—根据学生作答的整体印象区分核心素养等级—计算各水平的平均能力值和标准差，调整原定水平划分情况—对各个素养水平进行描述并达成共识。

题目特征提取和核心素养水平分析的工作要求盲审专家独立工作和协商相结合。例如，在题目特征提取部分，在做完一种素养的 5 道题目后，将 5 位盲审专家概括出来的题目特征用投影或其他方式分享，然后请他们各自修改一遍，再分享。如果差异还比较大，那么再各自修改一遍，待大家形成比较一致的看法后，就可以得到该素养上的题目特征分布图，代表 5 位专家的共识。

1. 题目特征提取

盲审专家先了解核心素养测试的目的、背景及核心素养的分类和定义，知道此次盲审工作的操作流程，然后独立做题和核对参考答案，盲审专家根据自己对题目的理解，按下面的步骤提取题目特征。

任务分解。把每道小题分解为 3～6 个解题步骤。"想想你做这道题目的时候要经过几个步骤。能不能把这道题目分解为 3 步以上 6 步以内的步骤？"请专家把主要步骤写出来。

判定素养要求（主要是认知要求）。找出其中要求最高的 1～2 个步骤，"其中哪一个步骤你们认为最难？"请列出这些步骤及其具体要求，如解释、概括、建模、监控、反思、评价等。"为什么你认为这一步比较难？"由于这一步很关键，因此请把这道题目的难点在哪里，或者说为什么有的学生会答不出来，用文字描述出来。

判定问题情境（背景）的复杂性和熟悉程度。"你认为对于高中生来讲，这道题目的背景复杂吗？（复杂/一般/简单）""高中生对这样的背景熟悉吗？"

判定解决问题的条件和线索的明确程度。"问题的指向清晰吗？""条件明确吗？有几个已知条件？""有哪些干扰信息或可能造成困扰的因素？如果有干扰信息，请具体指出是哪些信息。"

判定知识要求。"解决这个问题需要哪些知识？从大的知识结构来看，这道题目涉及哪方面的内容？"

判定解题方法的熟悉程度。"这道题目能够直接运用高中教材例题中的解题方法来解决吗？（常规的/探索性的）（常规的题目不一定是容易的题目，有的题目很难，但是有现成的方法可用，有的题目需要学生自己探索方法，但并不复杂）""学生在课堂练习、家庭作业和考试中接触到类似题目的可能性有多大？（常见的/一般的/少见的）"。

概括描述出该小题的题目特征，将题目要求做什么、情境是否熟悉、有无干扰信息、条件是否清晰、是否有学过的方法直接可以用等影响题目难度的要素描述出来。通过上述这些步骤，可以从盲审专家的描述中判断题目是否体现了新情境中的知识技能迁移，这其实就是我们要考查的素养的本质。

分析的结果被填写在表 5-4 中。分析完一道小题后再接着分析其他小题。

表 5-4 题目特征分析表

试题编号	
任务步骤(写出 3~6 个步骤)	
最高素养要求(写出最难的 1~2 个步骤的要求)	
感觉困难的原因	
学生通常会犯的错误	
情境(难易、熟悉度、分类)	
条件和线索的明确程度(问题指向是否清晰、是否有干扰信息)	
知识要求	
解题方法(常规的/探索性的、常见的/一般的/少见的)	
题目特征综述	

在分析了若干小题(做完一种素养的 5 道题目),讨论交流形成比较一致的看法后,将这几道题目的题目特征等填到表 5-4 中,一种素养的所有题目都做完后就可以得到该素养上的题目特征分布图,代表 5 位专家的共识。

从题目特征提取结果来看,基本上从题目本身(情境、条件)、对学生作答的要求(调用的知识、方法,解决什么问题)两个方面四个要点来描述。其中,情境指复杂性和熟悉程度;条件指解决问题的条件和线索的明确程度,有无干扰信息、条件是否清晰;调用的知识、方法指要解决这个问题需要哪些知识、哪些方法,所用的方法是常规还是探索性的,是常见的、一般的还是少见的。

下面以 5TY5005Q02 遮阳篷为例,题目特征分析过程见表 5-5。

表 5-5 题目特征分析过程表

试题编号	5TY5005Q02
任务步骤(写出 3~6 个步骤)	1. 读图;2. 了解遮阳篷的功能;3. 分析结构的特征;4. 能够准确完整地表达出图样
最高素养要求(写出最难的 1~2 个步骤的要求)	理解伸缩杆的结构特征,完整的图样表达
感觉困难的原因	对结构特征的全面分析
学生通常会犯的错误	对结构特征不清楚,不能完整与细致地进行图样表达
情境(难易、熟悉度、分类)	生活中较为常见的具体情境,较为容易
条件和线索的明确程度(问题指向是否清晰、是否有干扰信息)	问题指向清晰,无干扰因素

知识要求	读图、结构与功能分析、图样的表达
解题方法（常规的/探索性的、常见的/一般的/少见的）	探索性的
题目特征综述	能够面对生活中较为具体的、有一定难度的情境，在明确的、清晰的条件下，利用图形化语言正确表达铰连接的形式与结构原理

题目特征分布见表 5-6。

表 5-6　题目特征分布

大题名称	小题编号	题目特征	核心素养分类				
			技术意识	工程思维	创新设计	图样表达	物化能力
智能插座	1TY1001Q02	在日常生活情境中，通过某个产品对技术规范性进行认知，熟悉标准，并能进行具体分析	√				
智能插座	1TY1001Q03	通过分析系统的构成和功用，能够理解技术对日常生活的影响，对技术问题具有一定的敏感性	√				
光伏发电	2TY2001Q02	面对复杂的、不熟悉的社会生活情境，针对已给条件，能够运用正确的技术观，从技术对人类社会、经济和环境影响的角度多方面进行分析	√				
卫星定位	3TY3001Q02	在常见的生活情境下，能够分析、理解卫星定位系统在手机中的实现功能，结合使用手机的经验，用技术使用的道德观，结合技术应用的风险评估和判断，全面分析卫星定位系统在手机应用中的优点与缺点，用理性的态度分析产生这些问题的原因	√				

续表

大题名称	小题编号	题目特征	核心素养分类				
			技术意识	工程思维	创新设计	图样表达	物化能力
物联网	6TY5004Q01	面对物联网这样的高新技术，在理解其技术原理与应用的基础上，能够说明在农业上应用物联网的优点，如通过传感器采集种植环境数据，并能对各种种植环境自动进行调整，从而使学生理解技术对于人类社会、工农业生产等的影响	√				
太阳能热水器	1TY1005Q03	能够对一般的日常生活产品进行系统分析，分析系统的构成以及影响系统的各种因素		√			
物联网	6TY5004Q03	在较复杂的工农业生产情境中，能够识别和理解技术系统的各个组成部分及功能，分析影响系统工作的各种因素		√			
物联网	5TY5004Q04	面对复杂的、不熟悉的工农业情境，针对给定的系统和条件，能够利用比较、优化、建模的系统分析方法，形成合理的技术方案		√			
自动控制小车	4TY4002Q03	在较为复杂的实践性情境下，能够采用分析思维和综合思维相结合的方法，全面分析货物超重对系统的影响以及影响程度，围绕解决货物超重问题，采用报警与保护装置优化设计现有系统，明确所设计的方案		√			
手摇充电器	6TY3002Q02	面对生活中可能遇到的技术情境，能够通过系统分析，初步运用模拟和数学模型进行准确的表达与解释分析，有效地解决问题。就本题来说，学生要准确表达手摇发电机机械传动的环节，对传动比做出数学模型的解释		√			
护栏连接件	3TY3003Q01	面对生活中常见的情境，在明确的、清晰的条件下，能够利用图样分析理解连接的形式与结构，运用机械结构原理进行技术结构的特征分析				√	

大题名称	小题编号	题目特征	核心素养分类				
			技术意识	工程思维	创新设计	图样表达	物化能力
自动遮阳篷	5TY5005Q02	面对生活中较为具体的、有一定难度的问题情境，在明确的、清晰的条件下，能够利用图形化语言正确表达铰连接的形式与结构原理				√	
自动遮阳篷	5TY5005Q03	面对生活中较为具体的、有一定难度的问题情境，在条件清晰的情况下，能够利用系统分析方法对伸缩机构的工作原理与运动过程全面探索，并分析其问题产生的可能原因				√	
组合铝块	4TY4003Q02	在简单的、熟悉的技术实践中，在明确的条件下，能够进行三视图的识读与正确表达				√	
组合铝块	4TY4003Q03	在简单的、熟悉的技术实践中，在明确的条件下，能够根据问题情境，依据结构特征，运用图样思维构思出合理的、符合要求的组合结构，并绘制出草图				√	
婴幼儿床	1TY1006Q04	面对生活中熟悉的情境，能够完成相关信息的收集和分析，根据设计要求和约束条件，运用创新思维、空间想象、生活常识，构思设计方案，并绘制出具体的图样			√		
大小可调晾衣架	3TY3006Q02	面对生活中常见的、熟悉的技术产品，根据设计要求和约束条件，能够运用批判性思维，从多个角度，如实用性、美观性、耐用性、成本、结构复杂程度去评价它的优点和不足，从而判断方案的可行性与结构的合理性			√		
儿童跷跷板	5TY5006Q01	在简单的、熟悉的生活场景中，能够结合生活常识，从各个角度进行批判性思考，并能正确指出使用时所存在的安全性、舒适性等设计中需要考虑的问题，以便进行合理的风险评估，从而优化方案设计			√		

大题名称	小题编号	题目特征	核心素养分类				
			技术意识	工程思维	创新设计	图样表达	物化能力
雨伞架	2TY2005Q01	在简单的、熟悉的生活场景中，能够运用批判性思维，结合生活常识，分析、理解该设备的功能特性，从而寻找满足设计要求的最佳方案；能够从设计优化的角度分析技术产品的可能缺陷，能够从结构、功能等多方面考虑设计中存在的问题			√		
雨伞架	2TY2005Q02	在简单的、熟悉的生活场景中，能够运用批判性思维，结合生活常识，分析雨伞架的结构与功能；从设计优化的角度分析技术产品的可能缺陷，提出改进所需的各种信息；分析其不足，提出改进措施			√		
煎锅锅柄	3TY3005Q01	在日常生活情境中，在物化实现的过程中，需考虑工艺、材料、工具等方面的知识					√
木凳	4TY4005Q02	在日常生活情境中，能够针对各种工具的功能和使用方法进行合理选择，形成技术方案					√
木凳	4TY4005Q03	面对不复杂而熟悉的社会生活情境，针对给定条件，体验工艺、安全、审美等制约因素，能够根据方案设计要求选择材料					√
大小可调晾衣架	3TY3006Q01	在简单的、熟悉的生活情境中，能够考虑衣架功能和制作要求，合理选择材料，根据材料具有的性能指标明确相关性能测试					√
单杠	4TY4006Q02	面对日常生活中的技术设计情境，能够根据技术原理结合生活常识形成初步的方案设计；能够根据方案设计全面合理地选择工具；能够按要求合理地选择连接件，实现特定的功能					√

2. 根据学生作答的整体印象区分核心素养等级

盲审专家需要完成：

①根据题目特征（主要是难度特征）确定该素养可划分为几个等级。

②确定各试题可划分为哪几个核心素养等级。

③对学生的作答做出划分，将学生作答的扫描图片归到相应核心素养等级目录中。

④将划分到各个素养水平的试题编号和学生编号用 Excel 表的方式交给学科组。

根据盲审专家提交的基于学生表现的水平划分结果，学科组计算各水平的平均能力值并对照 2016 年高中通用技术课标修订测试质量分析报告中的不同百分等级下各素养等级分数与能力值对应表，可调整各素养的学生平均能力值与对应百分位，见表5-7 至表 5-11。

表 5-7　学生平均能力值与对应百分位（技术意识）

专家	技术意识 1 级以下		技术意识 1 级①		技术意识 2 级		技术意识 3 级		技术意识 4 级	
	能力值	百分位	能力值	百分位	能力值	百分位	能力值	百分位	能力值	百分位
专家 1	−0.19	5%	0.10	55%	0.09	55%	0.16	60%	0.68	85%
专家 2	−0.18	5%	0.06	50%	0.14	55%	0.20	65%	—	—
专家 3	−0.38	5%	0.07	50%	0.27	65%	0.30	70%	—	—
专家 4	−0.24	5%	0.10	55%	0.13	55%	0.30	70%	—	—
专家 5	−0.24	5%	0.03	50%	0	45%	0.44	75%	—	—

通用技术技术意识水平分为 5 个等级。根据专家估计，水平 1、2 的学生平均能力值大多位于数据分析量表的 55～65 百分位，说明水平 1、2（高中毕业）的要求偏高了，高中毕业应该是绝大多数学生能够达到的要求；水平 3、4 分别位于 70 百分位、85 百分位左右，说明水平 3、4（高考）的要求也偏高了，至少 55% 的学生应能达到高考要求。

表 5-8　学生平均能力值与对应百分位（工程思维）

专家	工程思维 1 级以下		工程思维 1 级		工程思维 2 级		工程思维 3 级		工程思维 4 级		工程思维 5 级	
	能力值	百分位	能力值	百分位	能力值	百分位	能力值	百分位	能力值	百分位	能力值	百分位
专家 1	−0.27	30%	0.01	50%	−0.02	50%	0.10	55%	0.07	55%	—	—
专家 2	−0.37	20%	0.03	50%	−0.02	50%	0.12	60%	0.25	70%	—	—

① 1 级对应水平 1，依次类推。

专家	工程思维 1级以下		工程思维 1级		工程思维 2级		工程思维 3级		工程思维 4级		工程思维 5级	
	能力值	百分位	能力值	百分位	能力值	百分位	能力值	百分位	能力值	百分位	能力值	百分位
专家3	−0.55	10%	0.03	50%	−0.02	50%	0.19	65%	0.20	65%	—	—
专家4	−0.44	15%	−0.03	50%	−0.06	45%	0.09	55%	0.46	80%	—	—
专家5	−0.52	10%	0.01	50%	−0.13	40%	0.36	75%	0.06	55%	−0.27	30%

通用技术工程思维水平分为 6 个等级。根据专家估计，水平 1、2 的学生平均能力值位于数据分析量表的 50 百分位左右，说明水平 1、2（高中毕业）的要求偏高了，高中毕业应该是绝大多数学生能够达到的要求；水平 3 的学生平均能力值位于 60 百分位左右，说明水平 3 的要求基本合适；对于水平 4 能力值，5 位专家之间的差异较大，若再求所有专家的平均能力值，可得约为 0.21，位于 65 百分位，说明水平 4 的要求基本合适；专家 5 估计的 5 级，百分位为 30，与前面几级的差异较大。

表 5-9　学生平均能力值与对应百分位（创新设计）

专家	创新设计 1级以下		创新设计 1级		创新设计 2级		创新设计 3级		创新设计 4级		创新设计 5级	
	能力值	百分位	能力值	百分位	能力值	百分位	能力值	百分位	能力值	百分位	能力值	百分位
专家1	−0.13	40%	−0.03	45%	−0.24	30%	0.11	55%	—	—	—	—
专家2	0.08	55%	−0.11	40%	−0.13	40%	0.18	60%	−0.33	25%	0.09	55%
专家3	0.07	55%	−0.03	45%	−0.07	45%	0.04	50%	—	—	—	—
专家4	−0.08	45%	−0.05	45%	−0.26	30%	0.16	60%	—	—	—	—
专家5	0.05	55%	−0.07	45%	−0.09	45%	0.07	55%	−0.45	20%	—	—

通用技术创新设计水平分为 6 个等级。根据专家估计，水平 1、2 的学生平均能力值位于数据分析量表的 45 百分位左右，说明水平 1、2（高中毕业）的要求偏高了，高中毕业应该是绝大多数学生能够达到的要求；水平 3 的学生平均能力值位于 60 百分位左右，说明水平 3 的要求基本合适；水平 4、5 的学生平均能力值出现倒置现象，可能跟抽取的样本数量比较少有关。

表 5-10　学生平均能力值与对应百分位（图样表达）

专家	图样表达 1级以下		图样表达 1级		图样表达 2级		图样表达 3级		图样表达 4级	
	能力值	百分位	能力值	百分位	能力值	百分位	能力值	百分位	能力值	百分位
专家1	−0.25	35%	−0.18	40%	0.19	60%	0.24	65%	0.10	55%

专家	图样表达 1级以下		图样表达 1级		图样表达 2级		图样表达 3级		图样表达 4级	
	能力值	百分位	能力值	百分位	能力值	百分位	能力值	百分位	能力值	百分位
专家2	−0.20	35%	−0.10	45%	0.25	65%	−0.02	50%	—	
专家3	−0.19	40%	0.03	50%	0.10	55%	0.12	60%	0.01	50%
专家4	−0.23	35%	−0.07	45%	0.02	50%	0.01	50%	—	
专家5	−0.29	30%	−0.16	40%	0.14	60%	0.20	65%	0.26	65%

通用技术图样表达水平分为5个等级。根据专家估计，水平1的学生平均能力值位于数据分析量表的45百分位左右，水平2位于60百分位左右，说明水平1、2(高中毕业)的要求偏高了，高中毕业应该是绝大多数学生能够达到的要求；水平3、4的学生平均能力值位于60百分位左右，说明水平3、4的要求基本合适，但从水平的梯度来看，水平3、4之间的层次需要调整。

表5-11　学生平均能力值与对应百分位(物化能力)

专家	物化能力 1级以下		物化能力 1级		物化能力 2级		物化能力 3级		物化能力 4级	
	能力值	百分位	能力值	百分位	能力值	百分位	能力值	百分位	能力值	百分位
专家1	−0.20	35%	0.05	55%	0.17	60%	0.45	80%	0.58	85%
专家2	−0.17	35%	−0.03	50%	0.20	65%	0.41	80%	0.42	80%
专家3	−0.19	35%	0.01	50%	0.21	65%	0.33	75%	—	
专家4	−0.15	40%	0.05	55%	0.22	65%	0.44	80%	—	
专家5	−0.23	35%	0.03	50%	0.18	65%	0.54	85%	0.27	70%

通用技术物化能力水平分为5个等级。根据专家估计，水平1、2的学生平均能力值分别位于数据分析量表的50百分位、65百分位左右，说明水平1、2(高中毕业)的要求偏高了，高中毕业应该是绝大多数学生能够达到的要求；水平3、4的学生平均能力值位于80百分位左右，说明水平3、4的要求偏高了。

3. 对学生核心素养发展的定性理解

本环节要完成以下工作。

①请盲审专家根据某个水平上学生的回答，结合之前做的题目特征分布图，看这些学生能够做出什么题目，具备什么能力，描述出处于该素养水平的学生的特征。

②做完一种素养的题目再做第二种素养的题目，在做一种素养题目的时候，从最低水平开始做到最高水平。

③记录5位盲审专家对每种素养每个水平上学生素养特征的描述。

④完成对一种素养各个水平的描述后，分享 5 位专家的描述结果，然后各自独立修改；再分享，再修改，直到达成共识。

⑤记录专家达成共识的对素养水平特征的描述。

盲审专家提炼的各个水平学生的表现特征如下。

对水平 1 学生表现的描述：

能通过简单的技术案例，了解和感知技术与人、技术与自然、技术与社会的关系；能结合生活中常见的、简单的技术产品分析技术的目的性、规范性、专利性等特性；面对具体而熟悉的技术，具备初步的风险评估意识。

能对常见的、典型的、简单的技术系统进行分析，能初步解释输入、过程、输出及各种因素是如何影响系统的。

能识读常见的技术图样，如草图、三视图、简单的机械加工图；能用简单的草图表达与交流设计构想。

在面对某种需求和需要解决的主要技术问题时，能借鉴技术设计案例和技术规范尝试制订解决技术问题的单一方案；了解技术设计的一般过程与方法。

在熟悉的生活情境中，能根据设计要求结合生活常识选择合适的、简单的材料与工具。针对某个模型能设计较为简单的工艺流程，掌握一般的加工工艺、材料、工具等方面的知识。在物化实现的过程中，能初步选择所需的一般材料、工具、连接件。

对水平 2 学生表现的描述：

能结合生活中具体的技术案例的辨析，形成对技术现象、新技术应有的态度和评价；面对熟悉而不复杂的技术情境，具备初步的风险评估意识。

面对生活或生产中的简单技术系统，能分析影响系统优化的因素，尝试运用输入、过程、输出、反馈和干扰等工程思维对其进行初步设计。

能在较为简单的技术设计实践中，绘制出规范的设计图纸；能识读常见的技术图样，如流程图、控制系统方框图。

面对熟悉的技术情境，能较好完成相关信息的收集和分析；根据设计要求，能进行一般方案的构思，并通过分析和评估，能对设计方案进行修改；针对某个实例能设计一般的试验方案，撰写试验报告；能设计解决技术问题的一个或多个单一方案，初步掌握技术设计的一般方法。

在熟悉的情境中，能根据设计要求进行简单的技术试验，对材料进行性能测试并根据材料性能列出用料表；能从多方面(环境、经济、社会、美学等方面)考虑材料的使用，正确掌握基本的工具使用方法。

对水平 3 学生表现的描述：

能针对较为具体的技术发展案例，分析其对当前及今后的社会、文化、经济等可能产生的影响。能结合复杂的技术产品和技术情境，分析技术的目的性、规范性等特性。面对复杂但熟悉的技术情境，能较为合理地进行风险评估。

能就某一具体技术领域明确的技术问题，运用系统分析的方法进行分析；在进行简单的技术方案设计时，尝试运用模拟和数学模型来考虑各种影响因素。

能识读各个技术领域中常见的技术图样，如一般的机械加工图和简单的电子电路图等；能用较详细的草图表达设计构想。

在较为复杂的技术情境中，能根据人机工程的原理制订符合一般设计原则和规范的多个方案；能掌握技术创新设计的一般方法，形成初步的技术创新设计能力；能较好完成相关信息的收集和分析，根据设计要求，进行一般方案的构思，并通过分析和评估对设计方案进行修改；针对某个实例能设计一般的试验方案，撰写试验报告。

能结合某一具体的技术领域，掌握一些特殊材料的属性及加工方法，并根据方案设计要求选择材料和工具，确定方案实现的时序和工序；能独立完成具有一定技术指标的模型或产品的成型制作和装配。

对水平 4 学生表现的描述：

能在较为复杂的技术实践活动中，整合应用人文、科学、社会等多方面的知识；能收集各种数据，对技术的社会影响做出各方面的评估；能做出独立的技术判断。

面对技术领域中较为复杂的问题情境，能运用系统分析的方法将任务具体化，形成可能的解决方案并不断地优化改进；能初步运用简单的模拟和数学模型对某一技术方案做出指标评估，形成工程思维。

能识读较为复杂的技术图样，如草图、三视图、机械加工图；面对复杂但熟悉的问题情境时，能用较复杂的草图，准确表达与交流设计构想；能结合不同技术领域，在较为熟练运用常见技术图样的基础上，进行方案的设计，并不断地进行优化。

能运用用户模型分析方法，提炼用户的独特需求和确认所要解决的特定技术问题；能依据设计需求制订符合一般设计原则和规范的多个方案，并进行初步的比较与权衡；能通过技术试验与技术探究等方法学会技术创新设计的一般方法。

能根据方案设计要求选择最新的材料，完成模型或产品的成型制作和装配；能对模型或产品进行基本的技术测试和技术指标测量，撰写简单的技术测试和方案试验的报告；能制作简单的实体模型，针对某个模型能设计简单的工艺流程，能较好地掌握加工工艺、材料、工具等方面的知识；在物化实现的过程中，能正确选择所需的材料、工具、连接件。

对水平 5 学生表现的描述：

在面对复杂情境时，能综合多个技术领域，分析社会生活及生产是如何影响技术发展的；能合理做出技术判断与评估。

在面对复杂的技术情境时，能整合运用科学、技术、数学、工程等方面的知识，综合多个技术领域进行系统分析和方案设计；能运用模拟和数学模型评价设计方案；能考虑各方面因素对其不断进行优化与改进。

能识读复杂的技术图样，如草图、三视图、机械加工图；能面对具有较高难度的问题情境，能用较复杂的草图，准确表达与交流设计构想。在面对复杂的情境时，能主动选择与综合运用图样或其他技术语言表达设计构想，形成用技术语言进行思维转换的能力。

能综合运用多种方法，多视角认识所要解决的技术问题，形成对用户需求和技术问题的敏感度；能运用数学与工程方法进行比较和权衡；能熟练运用技术设计与创新的一般方法和考虑各种社会文化因素；能对设计方案进行修改；能针对复杂的技术情境设计一般的试验方案，撰写出完整的试验报告。

能根据方案设计要求综合选择材料和工具，具有一定的材料规划意识；能对模型或产品进行基本的技术测试；能独立撰写技术测试和方案试验的报告，并对方案进行评价与优化；能制作较为复杂的实体模型，针对某个模型能设计简单的工艺流程，能熟练地掌握加工工艺、材料、工具等方面的知识；在物化实现的过程中，能正确合理选择所需的材料、工具、连接件。

二、通用技术学科核心素养水平划分的修改建议

专家盲审工作结束后，根据教育部统一要求，高中通用技术课程标准修订组需要结合通用技术学科核心素养测试的题目质量分析、盲审题目特征提取结果与测试题目属性的一致性分析、预审专家对各水平各素养的学生表现的评价等进一步完善通用技术学科核心素养的水平描述。本次通用技术学科核心素养水平测试为核心素养水平的进一步完善提供了参考。

(一)对通用技术学科核心素养内涵与表现的修改建议

建议1：通用技术学科核心素养是可测的，技术意识、工程思维、创新设计、图样表达、物化能力都可以通过纸笔测试进行评定，也可以通过非纸笔测试进行评定，其中物化能力的评定建议以纸笔测试与非纸笔测试相结合的方式。

建议2：建议对通用技术学科核心素养的内涵，在原有描述的基础上进一步明晰维度，如技术意识的内涵，明确提出技术安全与责任意识、技术伦理与道德意识、技术规范与标准意识。

建议3：建议对通用技术学科核心素养的内涵和表现，不仅从情境的类型，而且从情境的复杂性、新颖性的角度来进行描述，而且在表现中明确可能运用的结构化知识。

(二)对通用技术学科核心素养水平划分的修改建议

建议1：通用技术学科核心素养水平设计合理，层次清晰，但工程思维、创新设计水平5的要求稍高，建议适当降低要求。

建议2：建议进一步完善通用技术学科核心素养各水平的维度，如图样表达水平4增加识读图样。

建议3：在通用技术学科核心素养水平描述的基本方式上，建议进一步提高核心素养水平描述的可理解性、可测评性、可操作性，如"在某种情境下，对于某个内容能有怎样的表现"。

(三)对"学业水平考试与命题建议"部分的修改建议

1. 学业水平考试建议将纸笔测试与非纸笔测试相结合

通用技术学科的学业水平考试可以参照本次新课标测试模式，将纸笔测试与非纸笔测试相结合，这样能比较全面地反映学生的通用技术学科核心素养。从本次技术实践测试过程来看，有些学生还是缺乏技术工具和材料工艺方面的技能和知识，从中可以看出学生在平时的课堂中缺少规范的操作和训练。因此，学业水平考试对技术实践有一定的要求。

2. 进一步完善对学科学业水平考试中情境、类型和内容的整体设计

为了使基于核心素养的学业水平考试命题更客观，测试效果更可信，命题情境应来源于学生身边，应紧密联系生产、生活、社会，应符合学生的认知发展水平。只有这样，学生才有亲切感，才能将所学知识迁移和应用，愿意去实践和创新；也才能引导学生积极学习、学以致用。例如，本次测试中的光伏发电、卫星定位、太阳能热水器、护栏连接件、自动遮阳篷、自动控制小车命题情境来源于学生身边，紧密联系生产、生活、社会，符合学生的认知发展水平。

为了使基于核心素养的学业水平考试命题能更准确地测试学生的能力水平，命题类型应在核心素养水平的指向下，体现多学科的融合与综合，题目应有较大的开放度，要为有潜力、有特长的学生提供广阔的展示空间。只有这样，才能更好地实现学生核心素养能力水平的区分，为因材施教、学生终身发展、创新人才培养、高校人才选拔提供支持。在本次测试中，自动遮阳篷、自动控制小车、单杠、婴幼儿床、平板车连接件、太阳能热水器都属于体现多学科的融合与综合的命题情境，题目有较大的开放度，很好地反映了学生的核心素养水平。

第六章 学科核心素养评价试题示例与分析

从组卷设计原则、核心素养及其水平分布、情境分布、内容分布、书面和非书面的设计等角度进行整体分析。纸笔测试及非纸笔测试内容已在第四章具体阐述。本章选取部分试题作为样例，呈现该试题的质量分析结果，以期对指导教学实践有一定的参考价值。

第一节 与技术意识相关的试题示例与分析

技术意识是对技术现象及技术问题的感知与体悟。学生将形成对人工世界和人技关系的基本观念；能够就某一技术领域对社会、环境的正反两方面的影响做出理性分析，形成技术的敏感性和负责任的态度；能够解释技术的基本性质，理解技术与人类文明的有机联系，形成对技术文化的理解与适应。与技术意识相关的试题注重的是在一定情境下对具体技术问题进行分析与探究，更关注的是技术的意识形态与分析的方法。

涉及技术意识的 20 道题中有 16 道题的区分度大于等于 0.30，具有较好的区分度，见表 6-1。

表 6-1 技术意识题目的区分度与难度

试题	1TY1001Q01	1TY1001Q02	1TY1001Q03	1TY1001Q04	2TY2001Q01
区分度	0.16	0.42	0.50	0.37	0.31
难度	0.97	0.50	0.83	0.58	0.73
试题	2TY2001Q02	2TY2001Q03	3TY3001Q01	3TY3001Q02	3TY3001Q03
区分度	0.47	0.53	0.35	0.43	0.53
难度	0.55	0.52	0.52	0.78	0.43
试题	4TY4001Q01	4TY4001Q02	5TY5001Q01	5TY5001Q02	5TY5004Q01
区分度	0.14	0.34	0.32	0.30	0.29
难度	0.49	0.73	0.87	0.65	0.99

续表

试题	6TY1001Q01	6TY1001Q02	6TY1001Q03	6TY1001Q04	6TY5004Q01
区分度	0.19	0.30	0.43	0.36	0.40
难度	0.97	0.55	0.77	0.61	0.99

涉及技术意识的题目中能力排序逻辑较好的有 1TY1001Q02、1TY1001Q03 等，见表 6-2。

表 6-2　技术意识典型题目

试题	区分度	难度	各选项与总分的点二列相关					
			0	1	2	3	4	5
1TY1001Q02	0.42	0.50	−0.4	0.0	0.4	—	—	—
1TY1001Q03	0.50	0.83	−0.4	−0.2	−0.1	0.4	—	—

例 1：卷一第 1 题 1TY1001Q01～Q04。

材料 1：如图 6-1 所示的一款智能插座，只要将其插在传统插座上，并在手机中安装应用软件，就能远程控制智能插座的电源通断。同时，它还能连接"温度、湿度、遥控、射频"等传感器插件，实现环境变化感应、移动物体监测及问题自动处理的功能。

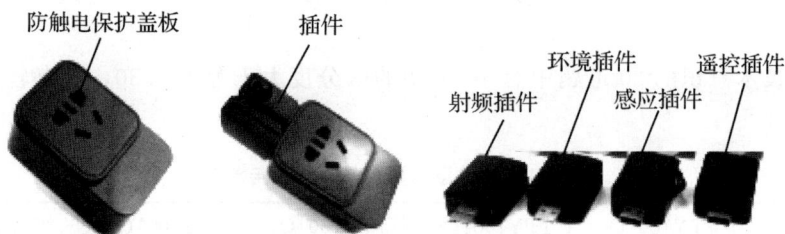

图 6-1　卷一第 1 题图

材料 2：智能插座部分参数见表 6-3。

表 6-3　智能插座部分参数

输入电压	额定功率	WIFI 标准	发射功率	外壳体
AC100−240V 50/60Hz	2200W	802.11B/G/N	18dBm	V_0 级阻燃 PC

材料 3："待机功耗"是指具有待机功能的电气设备在不使用且没有断开电源的时候所发生的电能消耗。表 6-4 为小王家的家用电器待机功耗。

表 6-4　小王家的家用电器待机功耗

家用电器	待机功耗/W	月损耗电量/度	年损耗电量/度
电视机	2.50	1.80	21.60
饮水机	20.00	14.40	172.80
空调	3.47	2.50	30.00
洗衣机	2.46	1.77	21.24

请完成下列任务。

(1)如果在家庭浴室使用这款智能插座，请你给出两项安全使用建议。

(2)请指出材料 2 中所体现的两项技术规范。

(3)请列举两个可以采用智能插座来解决的日常生活问题，并简要说明其解决方案。

(4)请根据材料 3，从节能方面分析智能插座的价值。

【参考答案】

(1)如果在家庭浴室使用这款智能插座，请你给出两项安全使用建议。

在浴室潮湿的环境下使用智能插座，要防止漏电或此环境对电器的影响，建议有防护罩；在浴室使用中，应有报警装置，一有漏电发生，能自动切断电源。

(2)请指出材料 2 中所体现的两项技术规范。

输入电压：AC100－240V 50/60Hz；

WIFI 标准：802.11B/G/N。

(3)请列举两个可以采用智能插座来解决的日常生活问题，并简要说明其解决方案。

可使用手机远程控制智能插座的导通和关闭；智能插座能够感知所处环境的温、湿度等具体信息，并将其传输到手机终端，从而实施控制。例如，通过互联网控制，打开暖风机，提前打开空调等。

(4)请根据材料 3，从节能方面分析智能插座的价值。

根据所给的数据，一个家庭中电器处于待机状态，待机功耗浪费 245.64 度电。若一座城市有 50 万个家庭，一年的能源浪费可达到约 1.23 亿度电。这不单关系到居民的利益，还会造成国家能源的极大浪费。因此使用自身能耗较低的智能插座，能降低电器无谓的功耗，减少发电量，进而减小对环境的影响。同时，现阶段系统设计的智能家电价格较高，尚未能实现大面积普及的情况下，推广智能插座也是一种节能的手段。

【评分标准】

评分标准见表 6-5。

表 6-5　评分标准

第(1)小题		
不同水平学生作答	主要特征	样例
水平 1 学生作答	能从环境和功率等方面考虑问题。	浴室插座要防溅、防潮。

第(2)小题		
不同水平学生作答	主要特征	样例
水平 2 学生作答	能从电气、材料和无线传输等多方面考虑技术规范。	插座输入电压符合国家市电标准。 WIFI 标准符合 802.11B/G/N。 外壳材料阻燃级别符合家用电器安全标准。
水平 1 学生作答	能从日常熟悉的电气规范方面考虑。	插座的输入电压 AC100－240V 50/60Hz 符合国家市电标准。

第(3)小题		
不同水平学生作答	主要特征	样例
水平 3 学生作答	能从生活需求出发，多方面发现问题，并提出具体的解决方案。	可使用手机远程控制智能插座的导通和关闭；智能插座能感知所处环境的温度、湿度等具体信息并将其传输到手机终端，从而实施控制。 例如，通过互联网控制，打开暖风机，提前打开空调等。
水平 2 学生作答	能从生活需求出发，发现问题，并提出粗略的解决方案。	—
水平 1 学生作答	能提出需要解决的问题。	—

第(4)小题		
不同水平学生作答	主要特征	样例
水平 4 学生作答	能从个人、产品、社会、环境等多角度分析节能的价值。	根据所给的数据，一个家庭中电器处于待机状态，待机功耗浪费 245.64 度电。若一个城市有 50 万个家庭，一年的能源浪费可达到约 1.23 亿度电。这不单关系到居民的利益，还会造成国家能源的极大浪费。因此使用自身能耗较低的智能插座，能降低电器无谓的功耗，减少发电量，进而减小对环境的影响。同时，现阶段系统设计的智能家电价格较高，尚未能实现大面积普及的情况下，推广智能插座也是一种节能的手段。

水平3学生作答	能利用数据从个人和国家能耗角度说明节能的效果。	一个家庭中电器齐全,电器处于待机状态,待机功耗浪费245.64度电。若一个城市有50万个家庭,一年的能源浪费可达到约1.23亿度电。这不单关系到居民的利益,还会造成国家能源的极大浪费,所以智能插座将极大降低无谓的能耗。
水平2学生作答	能从个人、国家和环境角度简单说明节能的效果。	一个家庭中电器齐全,若用户全年不关闭电器,电器待机功耗很大。从国家角度来说一年的电器待机功耗更是惊人。因此,智能插座具有降低能耗的潜在价值。
水平1学生作答	能从降低待机能耗的方面给出节能的结论。	实现家用电器及时断电,待机能耗降低,达到节能的目的。

【试题特征曲线】

图6-2至图6-5是该题目的试题特征曲线。横坐标为被试在整个试卷上的总体得分率,代表被试的能力水平;纵坐标为相应被试在当前试题上的得分率;曲线上的数字表示该试卷总体得分率对应的人数。

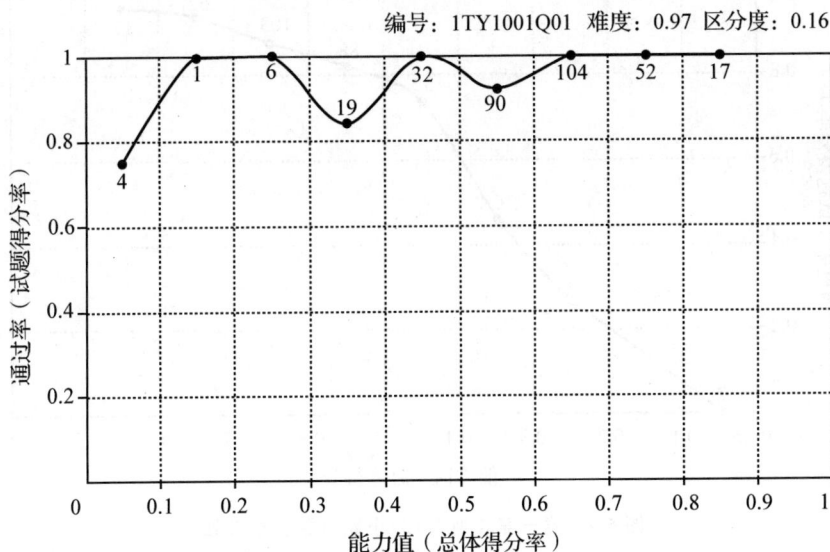

编号:1TY1001Q01 难度:0.97 区分度:0.16

图6-2 卷一第1题第(1)小题试题特征曲线

编号：1TY1001Q02 难度：0.50 区分度：0.42

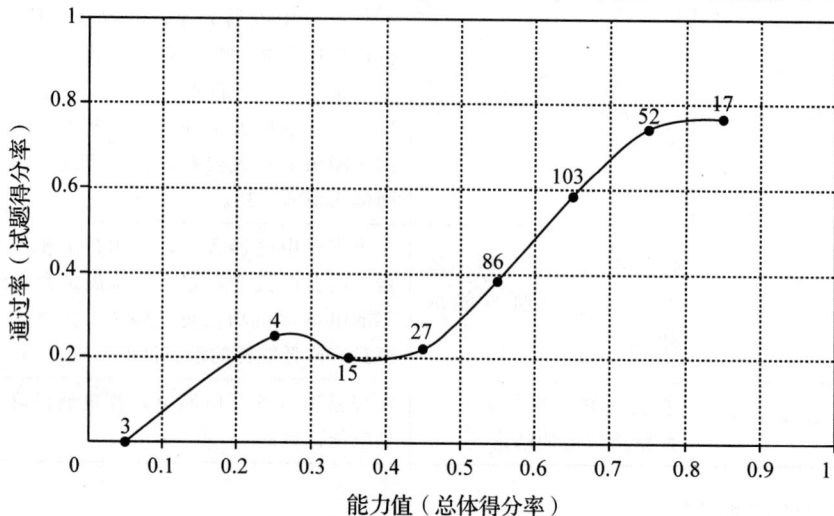

图 6-3　卷一第 1 题第(2)小题试题特征曲线

编号：1TY1001Q03 难度：0.83 区分度：0.50

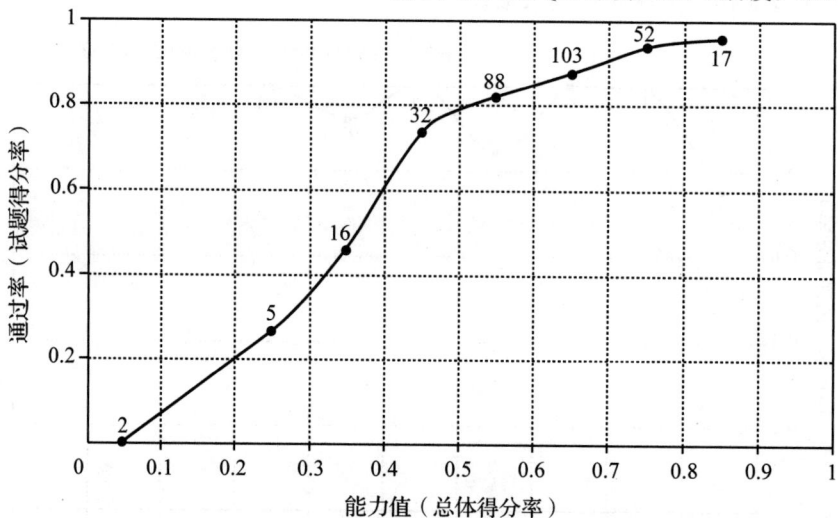

图 6-4　卷一第 1 题第(3)小题试题特征曲线

编号：1TY1001Q04　难度：0.58　区分度：0.37

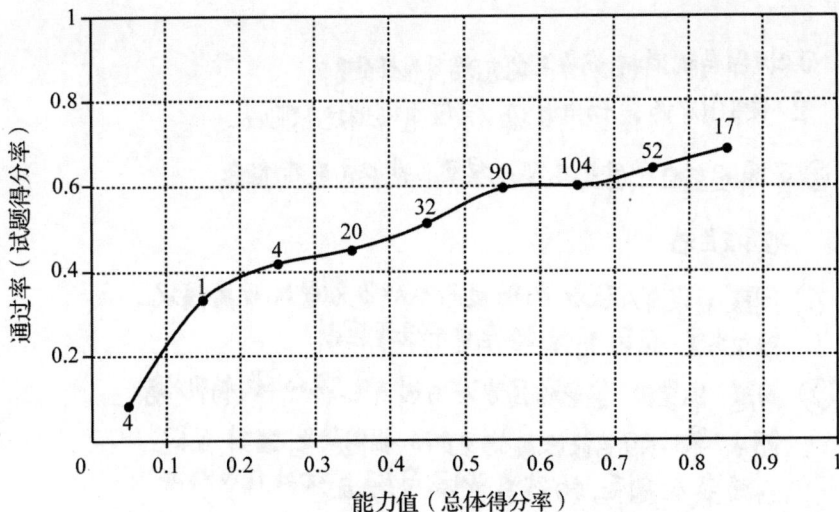

图 6-5　卷一第 1 题第(4)小题试题特征曲线

　　第(2)(3)(4)小题的特征曲线逐渐上升但有波动，说明总体上能力值高的学生得分比较高，但部分能力值高的学生在此题目上的得分比较低，比如第(2)小题能力值为 0.3～0.5 的学生在此题目上的通过率反而不高。根据相关理论，对于一个质量较好的试题，总体得分率高的被试在该试题上的得分率也应当比较高，曲线整体呈上升趋势，但由于参加测试的人数比较少，因此在某些地方的曲线可能会出现较大的波动。但第(1)小题的特征曲线并未表现出整体向上的趋势，难度为 0.97，区分度为 0.16，这反映了对于该题目，学生基本上的答题都较好，体现出的区分度就较低。

【学生作答情况】

第(1)小题：

水平 1：

1. 避免使插头接触到水。

2. 插入电器功率不宜过大。

第(2)小题：

水平 2：

① WIFI 标准为 802.11B/G/N。

② 外壳体为 V₀ 级阻燃 PC。

水平 0：

网络技术达到了一个高水平，各个软件功能都只现在的几倍。

第(3)小题：

水平3：

（a）①.对平时待机消耗功率大的电器可选择使用，
在不使用时可选择切断电源，保证电能消耗不那么大

②.可调控各自的居室温度与湿度，使居民更加健康
地享受生活.

（b）①问题：没有人在家的时候无法知道家里的电器情况.
解决方案：利用智能插座进行远程控制.

②问题：家里的一些电器因为没有断开电源而导致待机功耗
解决方案：利用蓝牙智能插座中的一些传感器插件，实现
环境变化感应，物体监测反问题自动处理功能
可以解决这个问题。

第(4)小题：

水平4：

普通的家用电器，如电视机、饮水机、空调、洗衣机等
在不使用它们，但却没有断开电源时，依然会发生电能的
消耗，造成许多能源消耗，而智能插座则弥补了这一
缺点，无论我们身在何处，都能及时将它们关闭，而节省
了能源，对环境、对使用者都有较大帮助，而且还方
便、快捷.

水平3：

①.可减少家用电器的待机功耗及单位速度.

②.可略微缓解我国的能源问题.

③.人人节约一点点，会使得更多人得到能源的使用

水平2：

如图所示，一些家用电器的待机功耗都相当大，使用智能插座可以
减少一些待机功耗，从而节省电费，所以智能插座是有很大使用
价值的。

水平 1：

发电，耐用．

例 2：卷二第 1 题 2TY2001Q01～Q03。

光伏发电是利用光伏组件将光能直接转变为电能，它安全、清洁，既能独立发电又能并网运行。请阅读材料并完成以下任务。

案例 1："如果骏马追不上太阳，我们就把太阳放在马背上"，图 6-6 是为边远牧区的牧民带来电力的移动太阳能发电装置，这些装置由政府免费发放给牧民，解决了地理位置偏僻、远离电网的牧民用电的问题。

案例 2：图 6-7 是某经济发达地区"用太阳能发电养老"项目，政府用价格补贴手段，以高于光伏发电成本、远高于水电发电收购价向光伏发电家庭购买电量，把钱补贴给发电用户。

图 6-6　卷二第 1 题图 1

图 6-7　卷二第 1 题图 2

(1)从光伏发电技术的特点出发，说说案例 1 中政府为什么选择光伏发电而不是其他发电形式(如风能、水力)解决牧民的用电问题。

(2)根据案例 2，请你分析该地区政府这样做的原因。

(3)随着光伏发电技术的不断进步与完善，光伏发电对传统能源技术、人类发展有哪些影响？

【参考答案】

(1)从光伏发电技术的特点出发，说说案例 1 中政府为什么选择光伏发电而不是其他发电形式(如风能、水力)解决牧民的用电问题。

①光伏发电可就地发电，在牧民转场(在不同的季节到不同的地方)时，发电装置的携带与运输也方便；②光伏发电无须消耗能源，不需要牧民为发电提供如煤、油等燃料，太阳能取之不尽且其受地理条件的影响较小。

(2)根据案例 2，请你分析该地区政府这样做的原因。

提倡使用环保的、可持续的新能源，减少对煤、油产品的消耗，减少碳排放，保护自然环境，促进光伏产业发展。

(3)随着光伏发电技术的不断进步与完善，光伏发电对传统能源技术、人类发展有哪些影响？

对传统能源技术的影响：光伏发电如果解决了发电成本问题，会：①形成市场竞争；②促进现有能源技术的创新与革新；③提高能源产业的现代化程度；④解决现有能源所带来的问题(如能耗、环境污染等)；⑤提高能源利用效率；等等。

对人类发展的影响：①多渠道获取更有质量、更低成本的多种能源；②优化能源供给结构，缓解能源供需矛盾；③改善人类生存环境；④对人类社会的可持续发展有重大作用；等等。

可能的负面影响：新技术也有可能带来新的环境污染问题，如光伏发电材料对环境可能会产生影响。

【评分标准】

评分标准见表6-6。

表6-6　评分标准

第(1)小题		
不同水平学生作答	主要特征	样例
水平2学生作答	能针对光伏发电的特点来分析现象。	①光伏发电可就地发电，在牧民转场(在不同的季节到不同的地方)时，发电装置的携带与运输也方便；②光伏发电无须消耗能源，不需要牧民为发电提供如煤、油等燃料，太阳能取之不尽且其受地理条件的影响较小。
水平1学生作答	能简单说出原因。	①光伏发电可就地发电；②光伏发电不需要燃料。
第(2)小题		
不同水平学生作答	主要特征	样例
水平3学生作答	能全面分析政府举措的原因。	提倡使用环保的、可持续的新能源，减少对煤、油产品的消耗，减少碳排放，保护自然环境，促进光伏产业发展。
水平2学生作答	能较全面分析政府举措的原因。	减少对煤、油产品的消耗，保护自然环境。
水平1学生作答	能简单分析政府举措的原因。	保护自然环境。
第(3)小题		
不同水平学生作答	主要特征	样例
水平4学生作答	能从多个角度对传统能源技术、人类发展的影响进行分析与判断，能提出可能的负面影响。	对传统能源技术的影响：光伏发电如果解决了发电成本问题，会：①形成市场竞争；②促进现有能源技术的创新与革新；③提高能源产业的现代化程度；④解决现有能源所

水平 4 学生作答		带来的问题（如能耗、环境污染等）；⑤提高能源利用效率；等等。 对人类发展的影响：①多渠道获取更有质量、更低成本的多种能源；②优化能源供给结构，缓解能源供需矛盾；③改善人类生存环境；④对人类社会的可持续发展有重大作用；等等。 可能的负面影响：新技术也有可能带来新的环境污染问题，如光伏发电材料对环境可能会产生影响。
水平 3 学生作答	能从多个角度提出对能源技术、人类发展的影响，并进行分析和判断。	—
水平 2 学生作答	能从某个角度提出对能源技术、人类发展的影响，并进行分析和判断。	—
水平 1 学生作答	能进行简单的评价。	

【试题特征曲线】

图 6-8 至图 6-10 是该题目的试题特征曲线。横坐标为被试在整个试卷上的总体得分率，代表被试的能力水平；纵坐标为相应被试在当前试题上的得分率；曲线上的数字表示该试卷总体得分率对应的人数。

编号：2TY2001Q01 难度：0.73 区分度：0.31

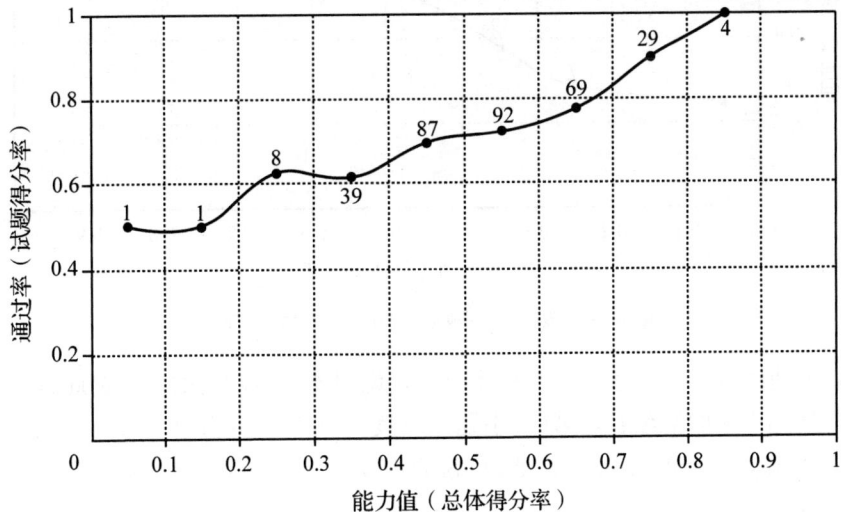

图 6-8　卷二第 1 题第(1)小题试题特征曲线

97

编号：2TY2001Q02 难度：0.55 区分度：0.47

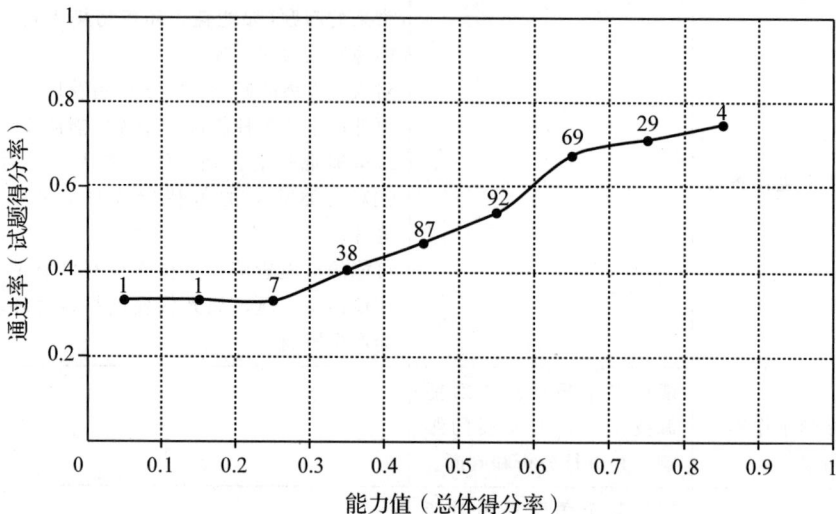

图 6-9　卷二第 1 题第(2)小题试题特征曲线

编号：2TY2001Q03 难度：0.52 区分度：0.53

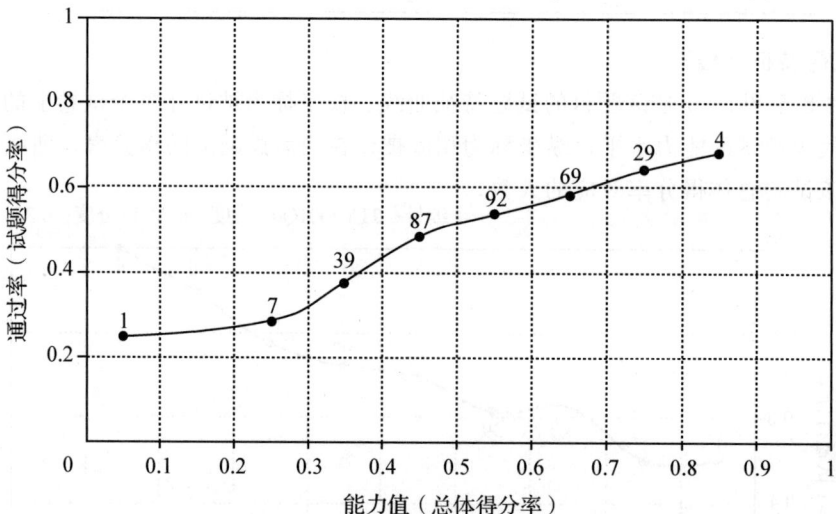

图 6-10　卷二第 1 题第(3)小题试题特征曲线

从特征曲线分析，三条曲线都整体向上，说明能力值越高的学生在此题目上的得分越高。从各小题的情况看，第(1)小题的难度为 0.73，区分度为 0.31；第(2)小题的难度为 0.55，区分度为 0.47；第(3)题的难度为 0.52，区分度为 0.53。三道题目的难度和区分度都较好。

【学生作答情况】

第(1)小题:

水平 2:

(a) 光伏发电安全、清洁、居民有些独立发电又有些并网运行、柳动太阳能发电装置可以柳动,有效解决地下里位置偏远,远离电网牧民用电问题,相对于风能,柳动太阳能装置能更好地方便牧民的柳动,相对水力发电相比,太阳能装置不会污染因此太阳有些发电成为政府解决发电的有效途径之一。

(b) 因为边远牧区的牧民过的是游牧生活,居无定所,因而需要便于携带的能源装转仪器,而光能时时都有,风能、水能则受环境、天气状况制约,且光能发电安全清洁效率较高,便于携带装置,满足了牧民对能电的需求。

水平 1:

①光伏发电安全、清洁,且边远牧区的太阳能,光能充足,用把风能水能其他发电形式发电,不如光能充足。②光伏发电既能独立发电又能并网运行,能满足每个家庭的用电需要,且剩余的电能还可集中起来总体调配。而风能、水能发电并不能独立发电,需要建立大型工程,成本较高。

第(2)小题:

水平 3:

正政府这样做可鼓励居民使用光伏发电,推动清洁能源的意识,减少又对环境的污染,有利于增强居民环保意识,推动有关清洁能源相关产业发展,同些有助些发解用电保张等问题,有利于人类的可持续发展,对于促进人类社会发展具有重要意义。

水平2：

① 增加居民收入。

② 补偿国际能源。

③ 缩小贫富差距。

④ 改善居民的物质生活条件。

水平1：

① 减轻 社会养老负担。

② 提高 能源利用率。

第（3）小题：

水平3：

① 光伏发电技术是在传统能源技术上的进步。

② 光伏发电技术有效地减少了能源对环境的破坏。

③ 光伏发电技术的不断进步与完善促进人类生活的环
　保，节能化。 开发

④ 对人类发展起到了促进的作用。

水平2：

　光伏发电是对传统能源技术的创新，
合理利用自然资源保护水资源等其他
资源。价环保，方便，符合可持续发展原则，
有利于人类发展。

水平1：

使发电了才更加方便，减少使用有污染的
能源，促进环境美化。

第二节　与工程思维相关的试题示例与分析

工程思维是以系统分析和比较权衡为核心的一种筹划性思维。学生能够认识系统与工程的多样性和复杂性；能够运用系统分析的方法，针对某一具体技术领域问题进行要素分析和方案构思及比较权衡；领悟结构、流程、系统、控制基本思想和方法的实际运用，进行决策分析和性能评估。

涉及工程思维的有 27 道题，其中有 22 道题的区分度大于 0.30，具有较好的区分度，见表 6-7。

表 6-7　工程思维题目的区分度与难度

试题	1TY1005Q01	1TY1005Q02	1TY1005Q03	1TY1006Q03	2TY2002Q01
区分度	0.29	0.39	0.57	0.39	0.49
难度	0.87	0.47	0.34	0.95	0.55
试题	2TY2002Q03	2TY2004Q01	2TY2004Q02	2TY2004Q03	3TY3002Q01
区分度	0.57	0.34	0.44	0.52	0.16
难度	0.49	0.49	0.18	0.61	0.98
试题	3TY3002Q02	3TY3002Q03	4TY4002Q01	4TY4002Q02	4TY4002Q03
区分度	0.37	0.40	0.32	0.35	0.40
难度	0.56	0.58	0.37	0.88	0.60
试题	5TY5002Q01	5TY5002Q02	5TY5002Q03	5TY5004Q02	5TY5004Q03
区分度	0.06	0.31	0.38	0.41	0.22
难度	0.98	0.77	0.76	0.80	0.38
试题	5TY5004Q04	6TY3002Q01	6TY3002Q02	6TY3002Q03	6TY5004Q02
区分度	0.40	0.26	0.40	0.36	0.43
难度	0.55	0.97	0.52	0.53	0.85
试题	6TY5004Q03	6TY5004Q04			
区分度	0.42	0.55			
难度	0.35	0.46			

工程思维题目中能力排序逻辑较好的有 1TY1005Q03、5TY5004Q04、6TY3002Q02、6TY5004Q02、6TY5004Q03，见表 6-8。

表 6-8　工程思维典型题目

试题	区分度	难度	各选项与总分的点二列相关					
			0	1	2	3	4	5
1TY1005Q03	0.57	0.34	−0.5	0.1	0.2	0.4	—	—
5TY5004Q04	0.40	0.55	−0.2	−0.2	0.0	0.1	0.3	—
6TY3002Q02	0.40	0.52	−0.4	0.0	0.4	—	—	—
6TY5004Q02	0.43	0.85	−0.3	−0.2	0.4	—	—	—
6TY5004Q03	0.42	0.35	−0.4	0.1	0.1	0.3	—	—

例 1：卷四第 2 题 4TY4002Q01～Q03。

仓储公司从卸物点装货平台到仓储点卸货平台有一段距离，以前一直是工人用平板车运送货物。后来公司为了降低工人的劳动强度，计划设计如图 6-11 所示的自动控制运货车。其工作流程是：当传感器检测到车上的载货量达到设定值时，控制电路控制电机转动，运货车驶向卸货平台；车上的限位开关接触到卸货平台，电机停止转动，车停下等待卸货；传感器检测到货物被卸后，电机反向转动，车返回装货平台。

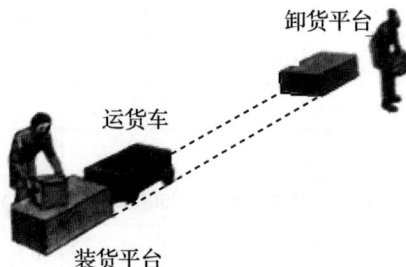

图 6-11　卷四第 2 题图

请完成以下任务。

(1)从"当传感器检测到车上的载货量达到设定值时，控制电路控制电机转动，运货车驶向卸货平台"描述分析，该控制系统应该为何种控制类型？说明其理由。

(2)该运货车检测载货量采用的是什么传感器？如果该传感器灵敏度变差，会产生什么后果？

(3)如果运货车货物装得太重，必然会对电机产生影响。请对该控制系统进行优化，以避免电机的过载运行。

【参考答案】

(1)从"当传感器检测到车上的载货量达到设定值时，控制电路控制电机转动，运货车驶向卸货平台"描述分析，该控制系统应该为何种控制类型？说明其理由。

该控制为开环控制。

理由：该控制是对小车的承载货物重量进行检测，而被控制的对象是小车，输出的是小车的运行。小车运行状态并没有得到检测，由此得出，小车的输出量不参与控制。

（2）该运货车检测载货量采用的是什么传感器？如果该传感器灵敏度变差，会产生什么后果？

传感器（压力、重力）和2个合理的后果。

①传感器为压力传感器。

②如果该传感器灵敏度变差，则可能只有当车载重量超过设定值时，电机才运行，会影响电机的性能；当货物还没有卸完，电机已经反转时，会产生误操作，存在一定的安全隐患。

（3）如果运货车货物装得太重，必然会对电机产生影响。请对该控制系统进行优化，以避免电机的过载运行。

增加超重的提示与报警装置，来避免超重的发生；超重时能够有效地使电机停止转动，实现过载保护。

所有的提示、报警与停止控制，都可以被设计为开环控制。其控制过程为：当压力传感器检测到重物超重时，报警器就会报警，且自动切断电机的电源。

【评分标准】

评分标准见表6-9。

表6-9　评分标准

第（1）小题		
不同水平学生作答	主要特征	样例
水平2学生作答	能基于控制系统的文字描述，判断控制的类型，并提出适当的理由。	开环\机械\自动及正确的理由。 该控制为开环控制。 理由：该控制是对小车的承载货物重量进行检测，而被控制的对象是小车，输出的是小车的运行。小车运行状态并没有得到检测，由此得出，小车的输出量不参与控制。
水平1学生作答	能基于控制系统的文字描述，判断控制的类型。	开环\机械\自动或正确的理由。

续表

第(2)小题		
不同水平学生作答	主要特征	样例
水平2学生作答	能基于对控制系统的分析，判断传感器的类型及当传感器灵敏度变差后出现的后果。	传感器(压力、重力)和2个合理的后果。 (1)传感器为压力传感器。 (2)如果该传感器灵敏度变差，则可能只有当车载重量超过设定值时，电机才运行，会影响电机的性能；当货物还没有卸完，电机已经反转时，会产生误操作，存在一定的安全隐患。
水平1学生作答	能基于对控制系统的分析，判断传感器的类型，对传感器出现故障的后果分析较为简单。	传感器(压力、重力)和1个合理的后果。 (1)传感器为压力传感器或重力传感器。 (2)如果该传感器灵敏度变差，则可能只有当车载重量超过设定值时，电机才运行，会影响作业操作的效率。
水平0学生作答	—	光传感器。
第(3)小题		
不同水平学生作答	主要特征	样例
水平3学生作答	能基于载物超重的现象，提出符合技术与逻辑的措施，并设计对应的控制系统	报警措施、保护措施。 增加超重的提示与报警装置，来避免超重的发生；超重时能够有效地使电机停止转动，实现过载保护。 所有的提示、报警与停止控制，都可以被设计为开环控制。其控制过程为：当压力传感器检测到重物超重时，报警器就会报警，且自动切断电机的电源。
水平2学生作答	对于货物超重的现象，能提出一些方法与措施，并简单设计控制系统。	报警措施或保护措施。 增加超重的提示与报警装置。所有的提示、报警与停止控制，都可以被设计为开环控制。其控制过程为：当压力传感器检测到重物超重时，报警器就会报警。
水平1学生作答	对于货物超重现象，能提出方法与措施，但针对性有所欠缺。	有装置设备，无措施方法。 增加报警装置。其控制过程为：当压力传感器检测到重物超重时，报警器就会报警。

【试题特征曲线】

图 6-12 至图 6-14 是该题目的试题特征曲线。横坐标为被试在整个试卷上的总体得分率，代表被试的能力水平；纵坐标为相应被试在当前试题上的得分率；曲线上的数字表示该试卷总体得分率对应的人数。

编号：4TY4002Q01 难度：0.37 区分度：0.32

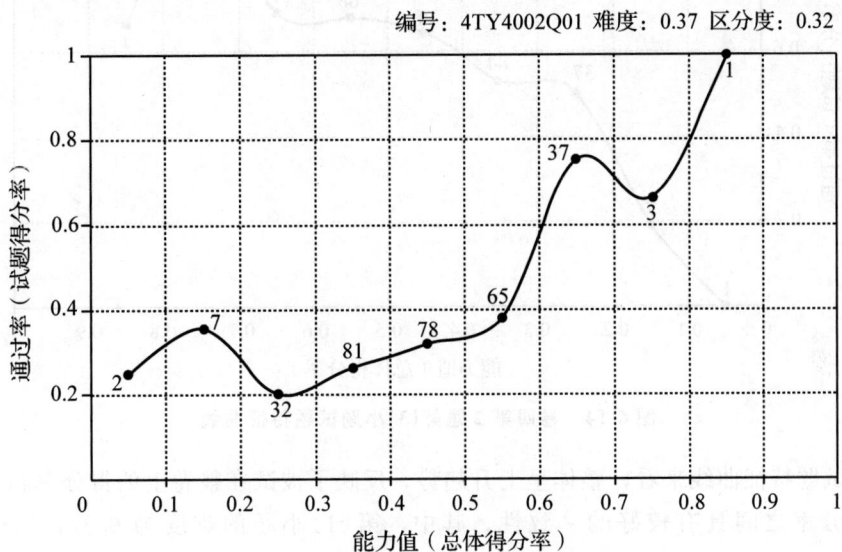

图 6-12　卷四第 2 题第(1)小题试题特征曲线

编号：4TY4002Q02 难度：0.88 区分度：0.35

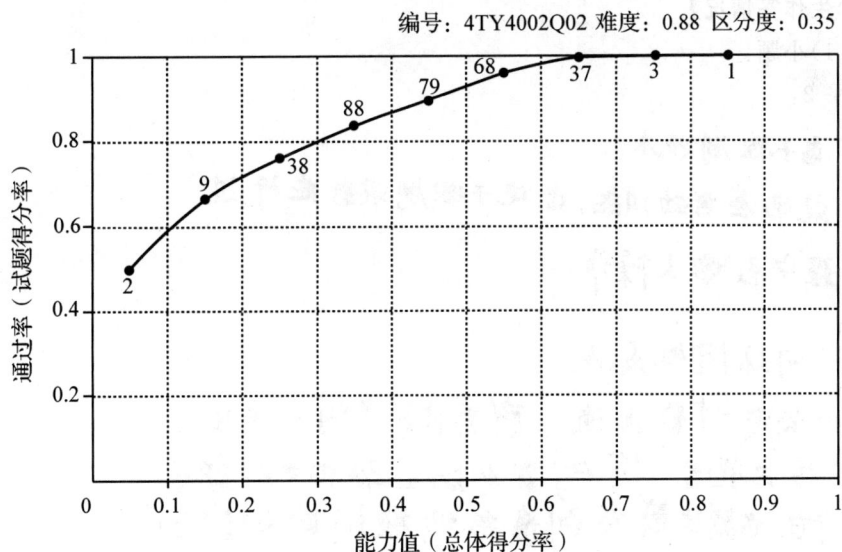

图 6-13　卷四第 2 题第(2)小题试题特征曲线

编号：4TY4002Q03 难度：0.60 区分度：0.40

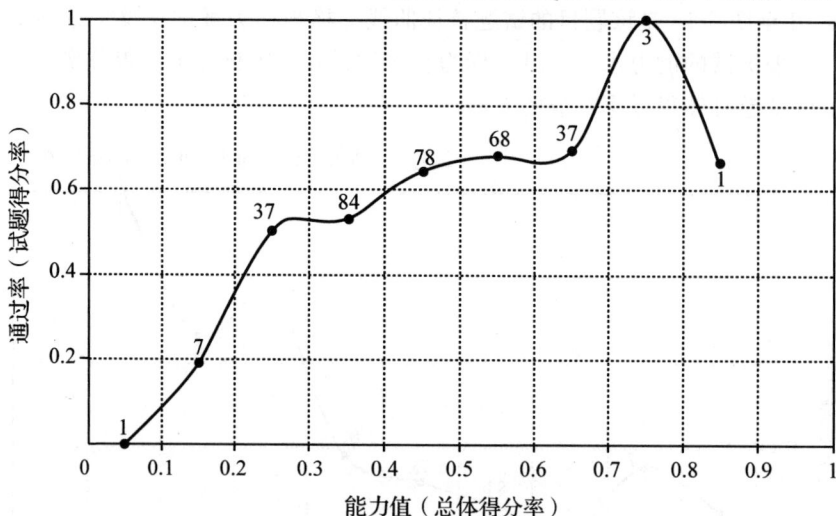

图 6-14　卷四第 2 题第(3)小题试题特征曲线

从试题特征曲线来看，整体呈上升趋势，反映了被试在整卷上的得分率和该试题上的得分率之间具有较好的一致性。其中，第(1)小题的难度为 0.37，区分度为 0.32；第(2)小题的难度为 0.88，区分度为 0.35；第(3)小题的难度为 0.60，区分度为 0.40，其中个别数据对曲线趋势有一定的影响。

【学生作答情况】

第(1)小题：

水平 2：

(a) 电子把刷技术

重视全自动功能，由电子把刷职能进行，过程中无需人操作。

(b) 开环控制系统

设定一个输出值、感受侧到时向系统分出指定，控制电电动车驶向却卸装车力，任感装感受到货物被卸则放轻，女复出行.

水平 1:

机械控制

第(2)小题:

水平 2:

压力传感器.

条件 ① 装货量未到达设定值，电机启动

　　② 装货量超过设定值，电机未启动或不动

　　③ 装货量到达设定值，电机不动动

最后都是时电机完成报告

水平 1:

(a) 微型传感器. 害手致货物不能在第一时间停下来，
从而堵上卸货平台.

(b) 重力传感器.

机器不灵敏，不能停车卸货.

第(3)小题:

水平 3:

(a) 在控制系统上加入一个报警器，当货装太多
时报警器发出警报，同时电机不会转动，当货装到
设定值时，又发出另一种警报，把子已送到设定值.

(b) 在车上安装警报器，当并设置一定的重
量范围，当重量传感器乎检测到重量超过
设设定范围时，警报器响起，提醒工人超重，
控制电路在接到警报器响起信号时切断
给电机的信号，使其不运行。

水平2：

（a）

①可以将电路改变为选择性电路，在原来的电路上新增一条电路，新电路上有保护电阻。

②原电路的压力传感器超过限定值，就自动从原电路跳到新电路上。

③原电路的压力传感器可改为有数字显示的，当接近限定值时，发光二极管会发亮提示人们。

（b）

①在运货车与装运平台之间加装一些避震或是缓冲装置。

②设置实时报警系统，过载即可被触发。

③对运货车的容积进行限定。

水平1：

（a）

可以设计一个能够看重物的，可以感知重物的重量，这样才能够防止重物对电机产生影响，随时感知重物的重量

（b）

把载货量的值设定为一不范围值。

例2：卷五第2题5TY5002Q01～Q03。

某停车场收费系统以前采用人工发卡，后来改用自动出卡系统（见图6-15）。该系统通过地感线圈检测车辆后，自动出卡器自动吐出计费卡，在驾驶员取卡后自动栏杆收起。请完成以下任务。

（1）与人工发卡比较，采用自动出卡系统后，哪些方面有了显著的变化？

（2）自动出卡器是该系统的主要组成部分。考虑到汽车车型、驾驶者身高的不同，请你对自动出卡器的设计提出一些建议。

（3）如果取卡后自动栏杆没有升起，请指出可能的原因有哪些。

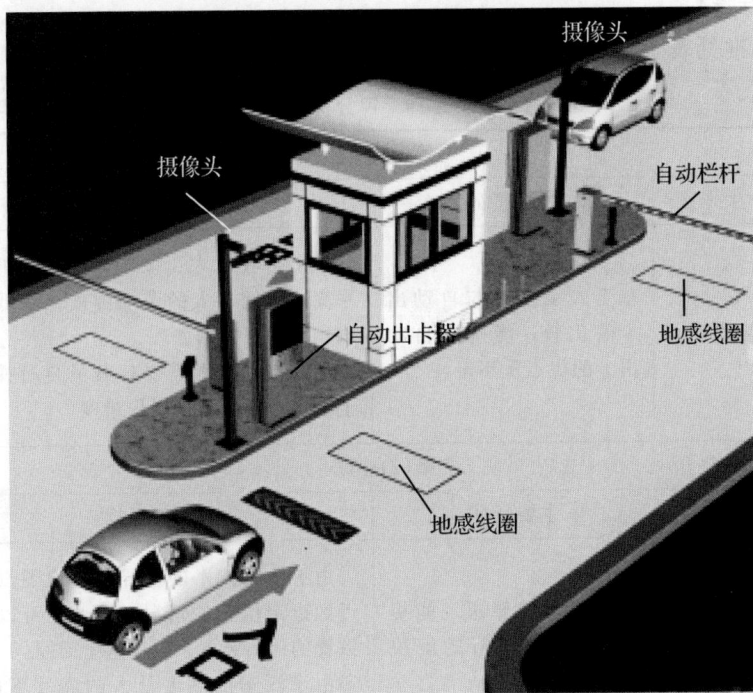

图 6-15　卷五第 2 题图

【参考答案】

(1)与人工发卡比较，采用自动出卡系统后，哪些方面有了显著的变化？

自动出卡替代人工发卡，其主要的优点：效率高，降低了人的劳动强度，降低了收费的成本，便于数据处理。

不足：自动出卡需要驾驶员自行操作，客观上增加了驾驶员的操作难度。

(2)自动出卡器是该系统的主要组成部分。考虑到汽车车型、驾驶者身高的不同，请你对自动出卡器的设计提出一些建议。

①由于驾驶技术的差异，易出现汽车无法靠近到指定位置的情况，因此，可以考虑用机械臂的伸出装置来解决这个问题。

②由于汽车的高度及人的高度不同，因此，需要考虑到具有不同高度的自动出卡器。

(3)如果取卡后自动栏杆没有升起，请指出可能的原因有哪些。

主要从以下几个方面考虑。

①基本控制条件，如电源无电。

②从控制系统考虑，包括传感器、控制器、执行器损坏。

③从机械传动方面考虑，如电机到横杆间的机械传动产生故障。

【评分标准】

评分标准见表 6-10。

表 6-10　评分标准

第(1)小题		
不同水平学生作答	主要特征	样例
水平 1 学生作答	基于人工发卡与自动出卡的比较，能阐明自动出卡的优点及不足。	自动出卡替代人工发卡，其主要的优点：效率高，降低了人的劳动强度，降低了收费的成本，便于数据处理。 不足：自动出卡需要驾驶员自行操作，客观上增加了驾驶员的操作难度。
第(2)小题		
不同水平学生作答	主要特征	样例
水平 2 学生作答	根据现实的要求，能提出合理的、可行的解决方案。	①由于驾驶技术的差异，易出现汽车无法靠近到指定位置的情况，因此，可以考虑用机械臂的伸出装置来解决这个问题。 ②由于汽车的高度及人的高度不同，因此，需要考虑到具有不同高度的自动出卡器。
水平 1 学生作答	根据现实的要求，能提出比较合理的解决方案。	由于汽车的高度及人的高度不同，因此，需要考虑到具有不同高度的自动出卡器。对一些驾驶技术不好的驾驶员进行有效的提醒或进行人工服务。
第(3)小题		
不同水平学生作答	主要特征	样例
水平 3 学生作答	基于控制系统，能完整地说明其原因。	主要从几个方面考虑。 ①基本控制条件，如电源无电。 ②从控制系统考虑，包括传感器、控制器、执行器损坏。 ③从机械传动方面考虑，如电机到横杆间的机械传动产生故障。
水平 2 学生作答	基于控制系统，能从控制角度说明基本原因。	从控制系统来分析原因，如传感器不检测，控制器对传感器的信号不判断，或执行器已经失灵等。
水平 1 学生作答	只能简单说明某一个原因。	如执行器损坏或控制器失灵等。

【试题特征曲线】

图 6-16 至图 6-18 是该题目的试题特征曲线。横坐标为被试在整个试卷上的总体得分率，代表被试的能力水平；纵坐标为相应被试在当前试题上的得分率；曲线上的数字表示该试卷总体得分率对应的人数。

编号：5TY5002Q01 难度：0.98 区分度：0.06

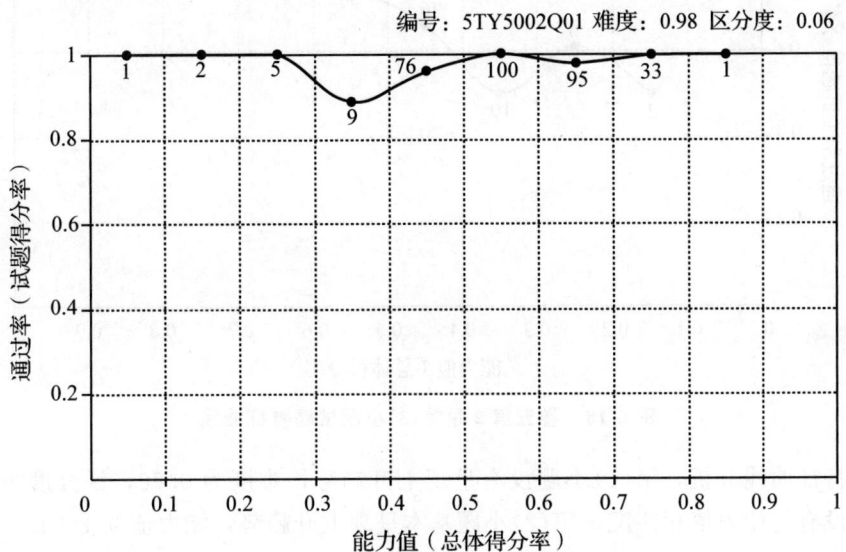

图 6-16　卷五第 2 题第(1)小题试题特征曲线

编号：5TY5002Q02 难度：0.77 区分度：0.31

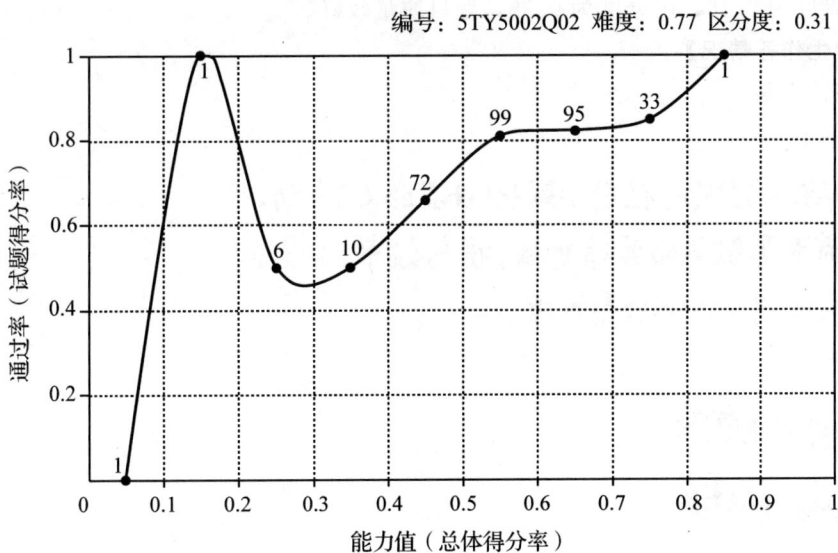

图 6-17　卷五第 2 题第(2)小题试题特征曲线

编号：5TY5002Q03 难度：0.76 区分度：0.38

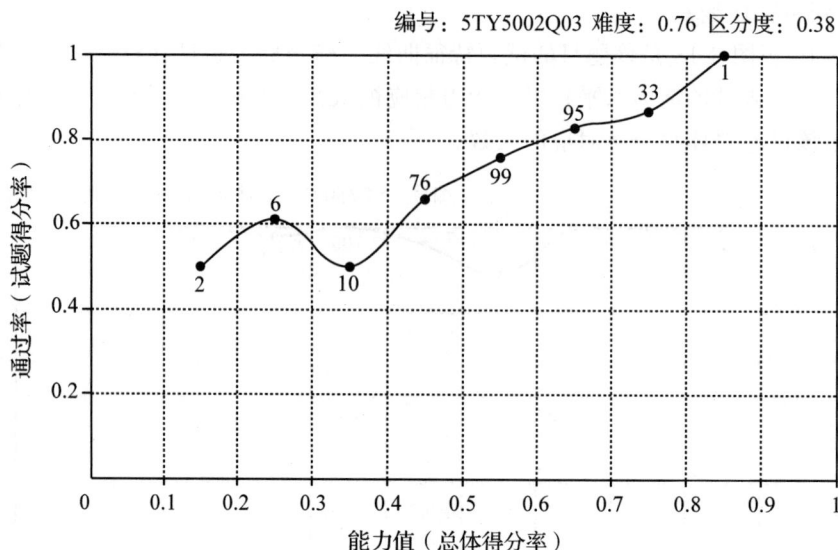

图 6-18　卷五第 2 题第(3)小题试题特征曲线

从特征曲线分析，第(1)小题没有呈现上升趋势，难度为 0.98，区分度为 0.06，通过率没有与能力值相匹配；第(2)小题基本呈现上升趋势，能力值 0.1~0.2 区间的采样人数过少，导致曲线波动较大，难度为 0.77，区分度为 0.31，题目质量较好；第(3)小题整体呈现上升趋势，能力值 0.1~0.3 区间的采样人数过少，导致曲线波动较大，难度为 0.76，区分度为 0.38，题目质量较好。

【学生作答情况】

第(1)小题：

水平 1：

①从发卡到收起栏杆，减少不必要的人力劳动。

②减少驾驶者的等待时间，提高效率。

③方便停车场的收费管理。

水平 0：

①进快的效率

②你们的体建度．

第(2)小题:

水平2:

建议: 自动出卡器针对不同型号(中、高、低有较大明显差异)的车从不同的口中吐出计费卡。可以通过摄像头与自动出卡器的连接判断汽车高低。

出卡器应在适中位置设置两到三个出卡孔(不同高度),在出卡器适宜位置安装红外线传感器,感知驾驶员位置。根据驾驶员高度在不同高度出卡孔出卡。

水平1:

(a)

①、设置多个出卡口,由地感线圈感应汽车大小,从而判断车型,从标准车身高度处出卡口出卡。

②、尽量将出卡口设置得离车辆近一些,吐卡时离车辆驾驶员近一些,满足少数个矮的驾驶员。

(b)

①不同汽车车型应当吐出不同的计费卡。

②由于驾驶员高度不同,自动纸卡器自动靠外点从使拿取。

③由车型不同,所以应当增大地感线圈的范围。

第(3)小题:

水平3:

(a)

①地感线圈出现感应(检测)问题(后一个)。

②自动出卡器与自动栏杆间的连接产生问题。

③自动栏杆本身内部有线路故障。

(b)

①、自动出卡器与自动栏杆信息传输故障。

②、自动出卡器不能检测到出卡。

③、地感线圈无反应。

④、自动栏杆卡顿。

水平 2:

地感我圈设有感应到汽车.自动也杠器出现故障.

水平 1:

取卡器与自动栏杆的连接电路出现故障.

第三节　与创新设计相关的试题示例与分析

创新设计是指基于技术进行创新性的问题解决过程。学生能够运用人机理论等综合分析技术问题，提出符合设计原则和具有一定创造性的构思方案；能够进行技术性能和指标的技术试验、技术探究实践操作，并进行准确的观测记录与信息加工分析；综合各种社会文化因素进行设计方案评价并加以优化。创新设计的主要题型试题为设计题，设计题包含结构、功能等的创新设计；创新设计还包括创新设计方案的分析、创新设计方案的比较与选择、创新设计方案的加工与技术试验的创新设计等。

涉及创新设计的有 24 道题，所有题的区分度均大于 0.30，具有较好的区分度，见表 6-11。

表 6-11　创新设计题目的区分度与难度

试题	1TY1004Q01	1TY1004Q02	1TY1004Q03	1TY1006Q01	1TY1006Q02
区分度	0.36	0.35	0.50	0.34	0.52
难度	0.78	0.45	0.63	0.95	0.94
试题	1TY1006Q04	2TY2005Q01	2TY2005Q02	2TY2005Q03	3TY3004Q01
区分度	0.59	0.40	0.45	0.43	0.45
难度	0.60	0.93	0.90	0.71	0.50
试题	3TY3004Q02	3TY3004Q03	3TY3006Q02	3TY3006Q03	4TY4004Q01
区分度	0.36	0.57	0.48	0.49	0.34
难度	0.30	0.31	0.53	0.39	0.61
试题	4TY4004Q02	4TY4004Q03	4TY4006Q01	5TY5006Q01	5TY5006Q02
区分度	0.38	0.38	0.49	0.47	0.37
难度	0.32	0.21	0.25	0.55	0.69

试题	5TY5006Q03	6TY2005Q01	6TY2005Q02	6TY2005Q03	
区分度	0.48	0.52	0.50	0.53	
难度	0.43	0.91	0.81	0.70	

创新设计题目中能力排序逻辑较好的有 1TY1006Q04、2TY2005Q01、2TY2005Q02、3TY3006Q02、5TY5006Q01、5TY5006Q02，见表 6-12。

表 6-12 创新设计典型题目

试题	区分度	难度	各选项与总分的点二列相关					
			0	1	2	3	4	5
1TY1006Q04	0.59	0.60	−0.4	−0.3	−0.1	0.2	0.3	—
2TY2005Q01	0.40	0.93	−0.3	−0.3	0.4	—	—	—
2TY2005Q02	0.45	0.90	−0.4	−0.3	0.4	—	—	—
3TY3006Q02	0.48	0.53	−0.4	−0.2	0.1	0.3	—	—
5TY5006Q01	0.47	0.55	−0.4	−0.1	0.2	0.3	—	—
5TY5006Q02	0.37	0.69	−0.3	−0.2	0.1	0.2	—	—

例1：卷一第 4 题 1TY1004Q01～Q03。

某设计人员考虑到儿童的需求，设计出了如图 6-19 所示的儿童洗发椅，其长度可调节，头枕可拉出，后椅脚可以折叠。

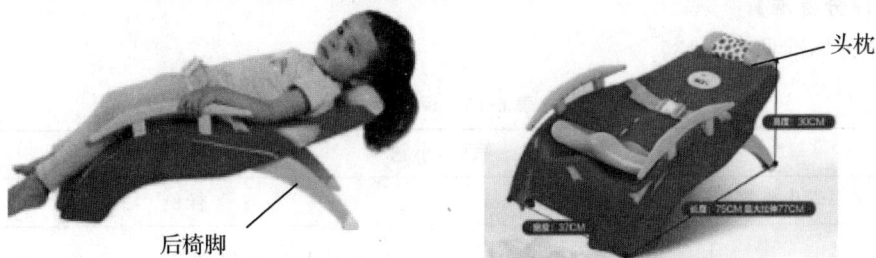

头枕

高度：30CM

长度：75CM 最大比伸77CM

宽度：37CM

后椅脚

图 6-19 卷一第 4 题图

请完成以下任务。

(1)该洗发椅的设计中哪些方面体现了人机关系的舒适目标？

(2)该洗发椅宽度 37 cm，高度 30 cm，长度 75 cm，最大可拉伸到 77 cm。请推测设计师确定这些尺寸的主要依据是什么。

(3)洗发椅模型制造好后，需要对其进行相关的技术测试。请你列举三项测试内容，并分别简述具体的试验过程。

【参考答案】

(1)该洗发椅的设计中哪些方面体现了人机关系的舒适目标？

①该洗发椅长度可以调节；②符合人体工学；③洗发椅高度可调节；④头枕有棉垫；⑤头枕位置可调节。

(2)该洗发椅宽度 37 cm，高度 30 cm，长度 75 cm，最大可拉伸到 77 cm。请推测设计师确定这些尺寸的主要依据是什么。

①宽度 37 cm 考虑了舒适、安全目标，依据是使用儿童普通人群的最大肩宽，可以让儿童舒适地躺在椅子上。

②高度 30 cm 考虑了舒适、高效、安全等目标，依据是太高了，脸盆离头太远，不方便，太高也会有安全隐患，也考虑了洗头时椅子的倾斜角度。

③长度 75 cm，最大拉伸到 77 cm，考虑了舒适、安全目标，依据是设计年龄段儿童普遍的最大及最小身高。

(3)洗发椅模型制造好后，需要对其进行相关的技术测试。请你列举三项测试内容，并分别简述具体的试验过程。

①洗发椅舒适度试验。抽取不同年龄段的小朋友，让其躺在洗发椅上，然后对其询问。

②洗发椅承重强度试验。用重物对洗发椅进行承重试验，检测洗发椅的承重强度，也可以寻找体重较大的儿童躺上试验，试验时注意安全。

③洗发椅稳定性试验。晃动洗发椅感知稳定情况。

【评分标准】

评分标准见表 6-13。

表 6-13　评分标准

第(1)小题		
不同水平学生作答	主要特征	样例
水平 2 学生作答	能较全面诠释人机关系舒适目标的含义。	①洗发椅长度可以调节；②符合人体工学；③洗发椅高度可调节；④头枕有棉垫；⑤头枕位置可调节。
水平 1 学生作答	能抓住人体的部分感受解释人机关系舒适目标的含义。	—

第(2)小题		
不同水平学生作答	主要特征	样例
水平 3 学生作答	能全面考虑高效、舒适、安全等目标，从儿童的身高、需求、洗发要求等方面进行分析，理由合理充分。	①宽度 37 cm 考虑了舒适、安全目标，依据是使用儿童普通人群的最大肩宽，可以让儿童舒适地躺在椅子上。 ②高度 30 cm 考虑了舒适、高效、安全等目标，依据是太高了，脸盆离头太远，不方便，太高也会有安全隐患，也考虑了洗头时椅子的倾斜角度。 ③长度 75 cm，最大拉伸到 77 cm，考虑了舒适、安全目标，依据是设计年龄段儿童普遍的最大及最小身高。 其他合理即可给分。
水平 2 学生作答	能多方面考虑高效、舒适、安全等目标，从儿童的身高、需求、洗发要求等方面分析，理由较合理。	①宽度 37 cm 考虑了舒适、安全目标，可以让儿童舒适地躺在椅子上。 ②高度 30 cm 考虑了舒适、高效、安全等目标，依据是太高了脸盆离头太远，不方便。 ③长度 75 cm，最大拉伸到 77 cm，考虑了舒适、安全目标，依据是设计年龄段儿童普通的最大及最小身高。
水平 1 学生作答	能单方面考虑高效、舒适、安全等目标，从儿童的身高、需求、洗发要求等方面。	①宽度 37 cm 考虑了舒适、安全目标，可以让儿童舒适地躺在椅子上。 ②高度 30 cm 考虑了舒适、高效、安全等目标，依据是太高了，脸盆离头太远，不方便。
第(3)小题		
不同水平学生作答	主要特征	样例
水平 3 学生作答	能从洗发椅的安全、舒适、结构稳定性、结构强度等多方面回答。	①洗发椅舒适度试验。抽取不同年龄段的小朋友，让其躺在洗发椅上，然后对其询问。 ②洗发椅承重强度试验。用重物对洗发椅进行承重试验，检测洗发椅的承重强度，也可以寻找体重较大的儿童躺上试验，试验时注意安全。 ③洗发椅稳定性试验。晃动洗发椅感知稳定情况。 其他合理即可给分。
水平 2 学生作答	能从洗发椅的安全、舒适、结构稳定性、结构强度等几个方面回答。	—
水平 1 学生作答	只能从洗发椅的安全、舒适、结构稳定性、结构强度等单个方面回答。	—

117

【试题特征曲线】

图 6-20 至图 6-22 是该题目的试题特征曲线。横坐标为被试在整个试卷上的总体得分率，代表被试的能力水平；纵坐标为相应被试在当前试题上的得分率；曲线上的数字表示该试卷总体得分率对应的人数。

编号：1TY1004Q01 难度：0.78 区分度：0.36

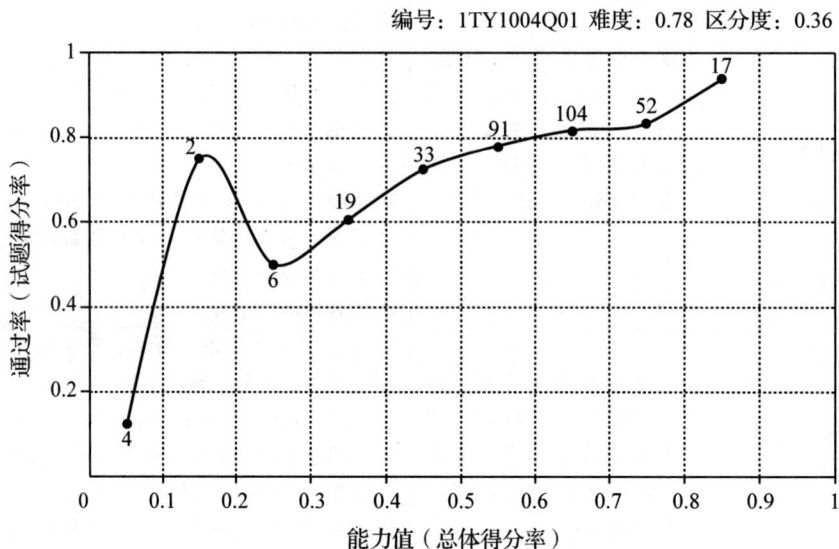

图 6-20 卷一第 4 题第(1)小题试题特征曲线

编号：1TY1004Q02 难度：0.45 区分度：0.35

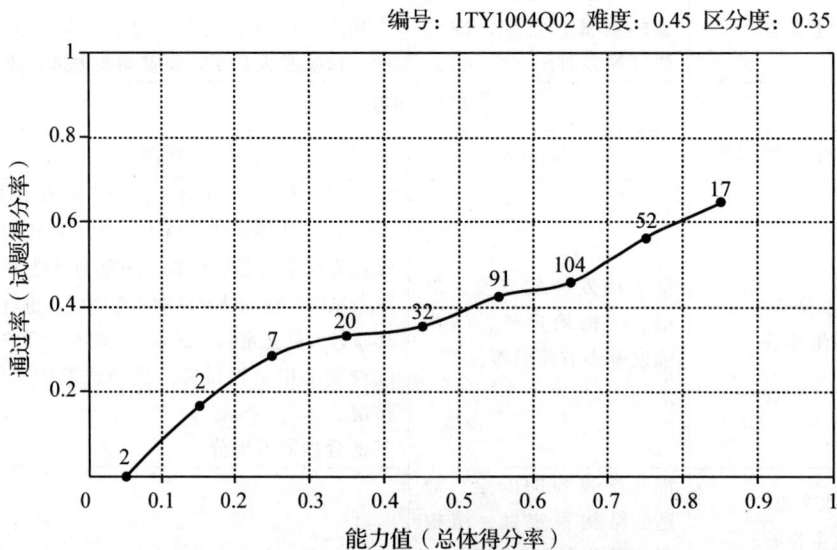

图 6-21 卷一第 4 题第(2)小题试题特征曲线

编号：1TY1004Q03 难度：0.63 区分度：0.50

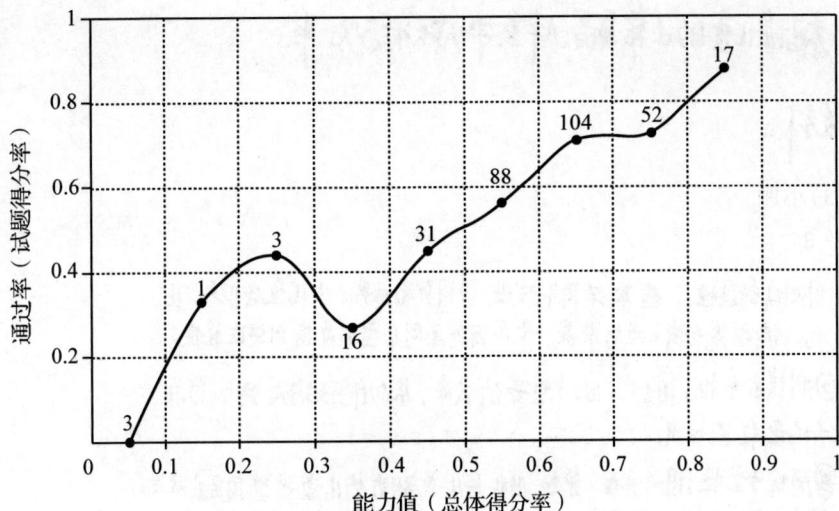

图 6-22　卷一第 4 题第(3)小题试题特征曲线

　　从特征曲线分析，三道小题都呈现上升趋势，只有在个别采样人数过少的能力值区间波动较大，第(1)小题的难度为 0.78，区分度为 0.36，题目质量较好；第(2)小题的难度为 0.45，区分度为 0.35，题目质量较好；第(3)小题的难度为 0.63，区分度为 0.50，题目质量较好。

【学生作答情况】

第(1)小题：

水平 2：

(a)　① 长度可调节，头枕可拉也。

　　　② 有扶手。

　　　③ 曲线设计。

(b)　① 固定了腰部，防止儿童乱动。

　　　② 尾部没计有适合儿童臀部的座垫。

第(2)小题：

水平 3：

　　不同儿童头发的长度。

水平 2：

　　儿童的静态、动态尺寸。

水平1：

根据儿童的正常身高、体重和成长状况来

设计。

第(3)小题：

水平3：

(a) ①测试舒适性：选取不同年龄段、不同身高的男、女儿童各10名，让他们躺在洗发椅上进行洗发，最后询问不同儿童洗发椅的舒适程度。

②测试抗压性：用50～100斤重量的大米，从50斤开始每次增加10斤，并记录稳定情况。

③测试安全性：用个体重、身高、形状与儿童相近的儿童模型，固定在洗发椅上，记录当发生洗发椅侧翻，支撑架发生断裂等情况时儿童模型发生的情况，判断是否会对儿童造成危险。

(b) ①稳固性测试。在洗发椅的头枕部位放置重物并不断增加重物质量，观察并记录洗发椅何时会倾倒。

②硬度测试。在洗发椅的中间部分放置重物并不断增加重物质量，观察并记录洗发椅何时会被压坏。

③拉伸长度，测试是否可以调节；拉出头枕，测试是否方便拉出收回；测试后椅脚是否可以方便地折叠。

水平2：

(a)1. 将椅子的座位宽度

取各个角度的椅子试验，取最舒适的。

2. 安全性测试。

测试最高载的重量。

3. 椅子材料测试。

选取最适合儿童，且对儿童无害的，更进安全的材料。

(b)
① 承重测试，让小孩或一定质量重物压在沙发靠背上，观察稳定。

② 稳定性测试，在头枕部分放置重物，观察其稳定性。

③ 头枕拉伸测试，快速、缓慢不断反复拉伸收缩头枕，测试其滑道是否平滑。

水平 1：

① 测试其稳定性。

② 测试其承重范围。

③ 测试其对儿童骨骼有无影响。

例 2：卷四第 4 题 4TY4004Q01～Q03。

叶明同学参加了校田径队，是跨栏项目的主力队员。他发现跨栏架使用一段时间后损坏了不少，他想和同学一起修复跨栏架。为此他们对跨栏架的结构（见图 6-23）进行了研究，了解到跨栏架有国家标准要求及相应试验方法（以下为其中的一部分）。

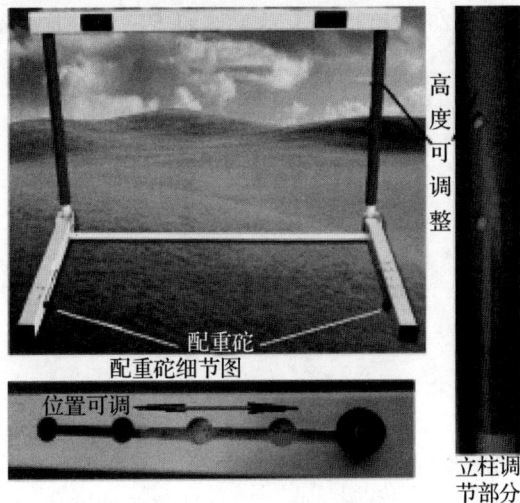

图 6-23　卷四第 4 题图 1

材料 1 国标（GB/T23117－2008）跨栏架的部分要求

4.1 跨栏架高度应可调节为：762 mm±3 mm，840 mm±3 mm，914 mm±3 mm，990 mm±3 mm，1067 mm±3 mm。

4.4 比赛用跨栏架总质量应大于等于 10 kg。

4.11 比赛跨栏架跨栏板调整至各高度时，跨栏架受到规定外力后应翻倒。

材料 2 国标跨栏架的部分试验方法

5.1 高度尺寸用相应等级的钢直尺或专用量尺测量，其他用毫米制计量工具测量。

5.6 跨栏架受力检测：将跨栏架放置在平台上，跨栏架高度和配重砣调至各标准高度及相应位置，在跨栏板顶部中心位置水平施加 35.3 N～39.2 N 拉力时，跨栏架应翻倒。

请完成以下任务。

(1)跨栏架高度调节以后，配重砣(两边的脚上)的位置也要做相应调整，以保证使用时的安全。如果要测试跨栏架高度在最高位置时，受力后是否符合标准要求，叶明认为应把配重砣调到图 6-24 中"1"的位置，而其他同学认为应在"5"的位置。请问你赞同谁的意见，并简单说明理由。

图 6-24　卷四第 4 题图 2

(2)跨栏架修复后，叶明他们要检测其是否符合标准 4.11 中的要求。请你在材料 2 中选择试验方法，在图 6-25 的跨栏架上示意试验方法，并标上简要的文字说明。

图 6-25　卷四第 4 题图 3(a)

(3)在检测修复的跨栏架时，叶明发现部分跨栏架存在施力小于标准时会倒，另有部分则存在施力大于标准时不倒的问题。请设计简要的试验方法，以找到跨栏架出现这个问题可能的原因。

【参考答案】

(1)跨栏架高度调节以后，配重砣(两边的脚上)的位置也要做相应调整，以保证使用时的安全。如果要测试跨栏架高度在最高位置时，受力后是否符合标准要求，叶明认为应把配重砣调到图 6-24 中"1"的位置，而其他同学认为应在"5"的位置。请问你赞同谁的意见，并简单说明理由。

叶明对。理由是高度高了，重心提高，配重应向后移，所以最高位置时，配重砣应在最后。

(2)跨栏架修复后，叶明他们要检测其是否符合标准 4.11 中的要求。请你在材料 2 中选择试验方法，在图 6-25 的跨栏架上示意试验方法，并标上简要的文字说明。

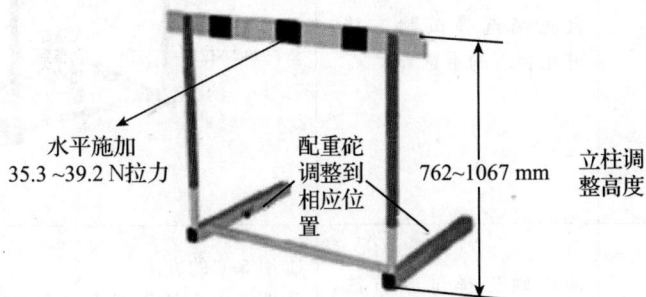

水平施加
35.3～39.2 N拉力

配重砣
调整到
相应位
置

762～1067 mm

立柱调
整高度

图 6-25　卷四第 4 题图 3(b)

(3)在检测修复的跨栏架时，叶明发现部分跨栏架存在施力小于标准时会倒，另有部分则存在施力大于标准时不倒的问题。请设计简要的试验方法，以找到跨栏架出现这个问题可能的原因。

方法：

①测试高度尺寸：用相应等级的钢直尺或专用量尺测量高度尺寸，与国标要求比较。

②测试跨栏架质量：用相应等级的电子秤或落地秤称量(质量)，与国标要求比较。

③受外力测试：具体见第 2 题答案。从中找出是质量、高度，还是受外力后翻倒引起的。

【评分标准】

评分标准见表 6-14。

表 6-14　评分标准

第(1)小题		
不同水平学生作答	主要特征	样例
水平 2 学生作答	能给出正确的判断，并有充分的理由。	叶明对。理由是高度高了，重心提高，配重应向后移，所以最高位置时，配重砣应在最后。
水平 1 学生作答	能给出正确的判断。	—

第(2)小题		
不同水平学生作答	主要特征	样例
水平 3 学生作答	能正确选择试验方法，并用合理的示意方案。	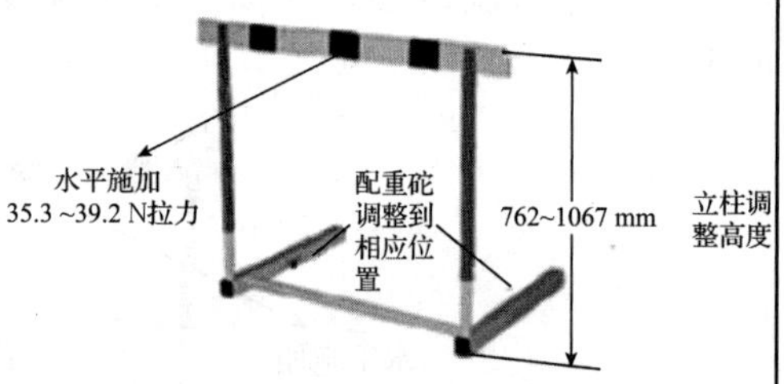
水平 2 学生作答	能正确选择试验方法，并用基本合理的示意方案。	①用 5.6 的方法。 ②图示中力的作用点须在中间。施力箭头向右，跨栏架立柱调整高度，配重砣调整位置，施加 35.3～39.2 N 拉力中标出 1 个以上。
水平 1 学生作答	能正确选择试验方法。	用 5.6 的方法。
第(3)小题		
不同水平学生作答	主要特征	样例
水平 4 学生作答	能从多方面提出合理的试验方法。	方法： (1)测试高度尺寸：用相应等级的钢直尺或专用量尺测量高度尺寸，与国标要求比较。 (2)测试跨栏架质量：用相应等级的电子秤或落地秤称量(质量)，与国标要求比较。 (3)受外力测试：具体见第 2 题答案。从中找出是质量、高度，还是受外力后翻倒引起的。
水平 3 学生作答	能从几个方面提出基本合理的试验方法。	—
水平 2 学生作答	能从某个方面提出合理的试验方法。	—
水平 1 学生作答	能从某个方面提出基本合理的试验方法。	—

【试题特征曲线】

图 6-26 至图 6-28 是该题目的试题特征曲线。横坐标为被试在整个试卷上的总体得分率，代表被试的能力水平；纵坐标为相应被试在当前试题上的得分率；曲线上的数字表示该试卷总体得分率对应的人数。

编号：4TY4004Q01　难度：0.61　区分度：0.34

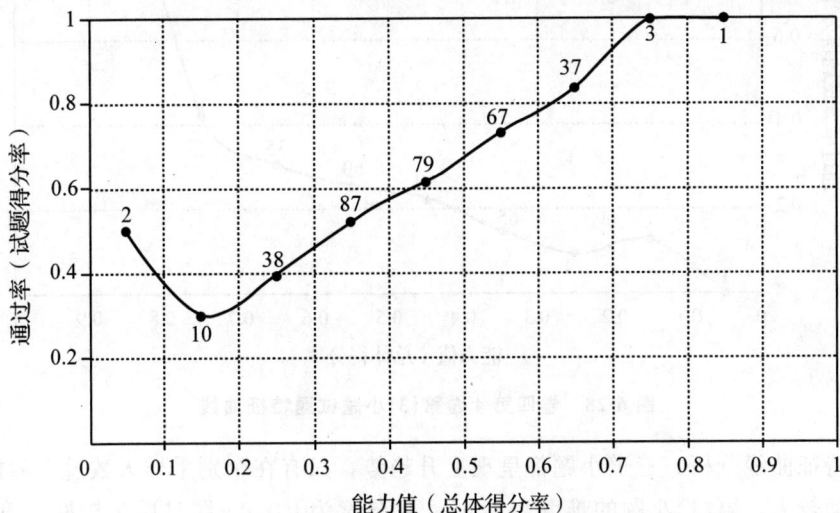

图 6-26　卷四第 4 题第(1)小题试题特征曲线

编号：4TY4004Q02　难度：0.32　区分度：0.38

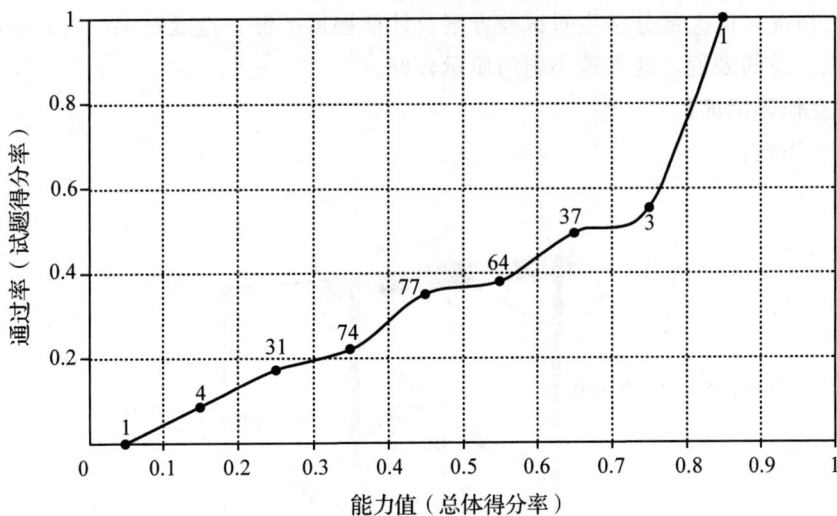

图 6-27　卷四第 4 题第(2)小题试题特征曲线

编号：4TY4004Q03　难度：0.21　区分度：0.38

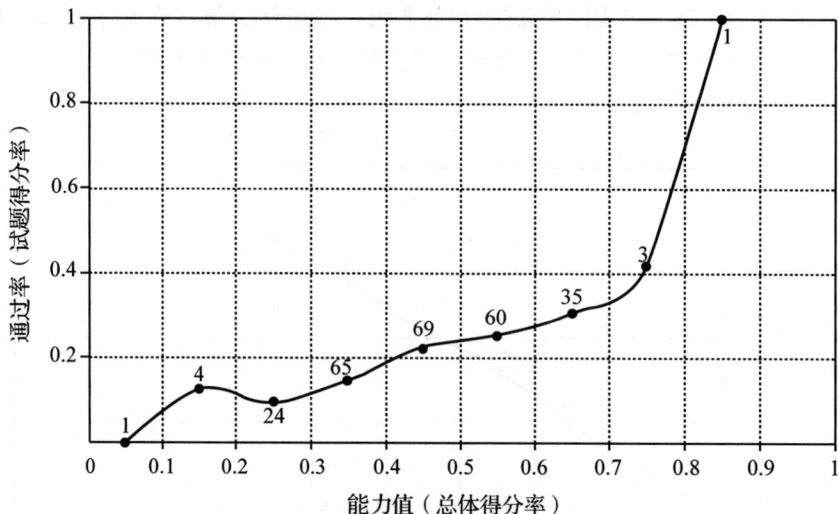

图 6-28　卷四第 4 题第(3)小题试题特征曲线

从特征曲线分析，三道小题都呈现上升趋势，只有在个别采样人数过少的能力值区间波动较大，第(1)小题的难度为 0.61，区分度为 0.34，题目质量较好；第(2)小题的难度为 0.32，区分度为 0.38，题目难度较大；第(3)小题的难度为 0.21，区分度为 0.38，题目难度大。本题的三道小题能较好地反映出能力值越高的学生，通过率越高的情况，但大部分学生对试验方案设计掌握得不够，造成对第(2)(3)小题难度的打分低。总的来说，这三道小题的质量较好。

【学生作答情况】

第(2)小题：

水平 3：

(a)

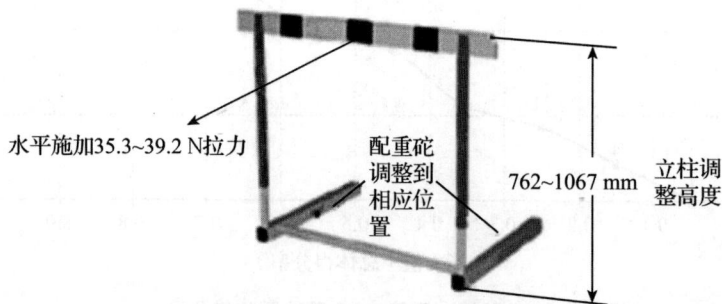

水平施加35.3~39.2 N拉力　配重砝码调整到相应位置　762~1067 mm　立柱调整高度

(b) 选择跨栏架合力检测试验方法.

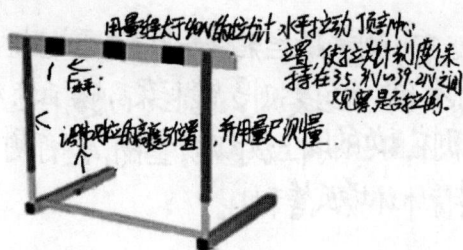

用量锤好40N的纸线计 水平拉动 顶端体
置,使拉计对刻度体
持在35.3N∽39.2N调
观察是否拉倒.

↑答:
↙调校栏的高度位置,并用尺测量.

水平2:

在栏架顶
部中心拉
置绑上绳,
再用测力计
拉着绳子 施加35.3N
∽39.2N拉力
看它是否会倒.

水平1:

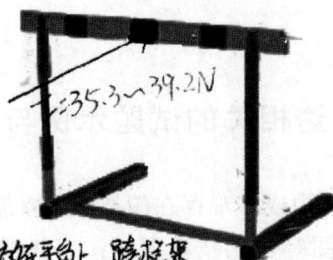

T=35.3∽39.2N

⑴将跨栏架放在平台上. 跨栏架
高度和配重砣调至合标准高度及相应位置. 在跨栏板顶部中心部位.
水平方向加35.3∽39.2N拉力. 检测跨栏架是否翻倒. 翻倒则
此跨栏架符合标准. 反之则不符合.

第(3)小题:
水平4:

⑴测量栏架是否出现变形. 基否各支撑撑柱与底座相垂直的
要求.
②在确定栏架板高度后. 反复调整配重砣的位置. 再用测力计拉
栏架板. 若可以找到某个位置符合要求. 说明配重砣的设计
位置不对.
③称量栏架的质量. 观察其是否符合 大于或等于 10kg 的要求.

127

水平3：

动检测。在检测之前，测量跨栏各部分质量是否达标，以及长度是否差标准很多，再组装测量跨栏架高度，再进行试验，若一切达标，则在两边的脚上放置额外重物，再进行测试。同时，在实验时，应排除外环境风等干扰。

水平2：

① 有无，先确定跨栏架总质量是否大于四等于10kg。

当高度定时，调整配重砣，使其重心更低。

② 当配重砣定时，调整高度。

水平1：

原因：可能是跨栏架质量太小。

试验：将跨栏架放在电子称上称量，观察其质量是否。

大于等于10kg。

第四节　与图样表达相关的试题示例与分析

图样表达是指运用图形样式对意念中或客观存在的技术对象加以描述和交流。学生能识读一般的机械加工图及控制框图等常见技术图样；能分析技术对象的图样特征，会用手工和二维或三维设计软件绘制简易三视图、草图、框图等；能在图样表达中实现有形与无形、抽象与具体的思维转换。

涉及图样表达的有18道题，其中有14道题的区分度大于0.30，具有较好的区分度，见表6-15。

表6-15　图样表达题目的区分度与难度

试题	1TY1002Q01	1TY1002Q02	1TY1002Q03	2TY2006Q01	2TY2006Q02
区分度	0.25	0.21	0.47	0.27	0.43
难度	0.88	0.28	0.52	0.87	0.21
试题	3TY3003Q01	3TY3003Q02	4TY4003Q01	4TY4003Q02	4TY4003Q03
区分度	0.42	0.46	0.38	0.49	0.50
难度	0.73	0.14	0.46	0.38	0.61

试题	5TY5005Q01	5TY5005Q02	5TY5005Q03	5TY5005Q04	6TY5005Q01
区分度	0.38	0.48	0.52	0.48	0.26
难度	0.37	0.53	0.73	0.29	0.32
试题	6TY5005Q02	6TY5005Q03	6TY5005Q04		
区分度	0.49	0.50	0.39		
难度	0.51	0.64	0.24		

图样表达题目中能力排序逻辑较好的有 4TY4003Q02、4TY4003Q03、5TY5005Q02、5TY5005Q03，见表 6-16。

表 6-16　图样表达典型题目

试题	区分度	难度	各选项与总分的点二列相关					
			0	1	2	3	4	5
4TY4003Q02	0.49	0.38	−0.4	0.1	0.4	—	—	—
4TY4003Q03	0.50	0.61	−0.4	−0.1	0.0	0.5	—	—
5TY5005Q02	0.48	0.53	−0.4	−0.1	0.4	—	—	—
5TY5005Q03	0.52	0.73	−0.4	−0.2	−0.1	0.4	—	—

例 1：卷四第 3 题 4TY4003Q01～Q3。

在通用技术的钳工实践课程中，孙越同学准备用锯割、钻孔等加工方法将 5 mm 厚的一块铝合金板，制作成图 6-29、图 6-30 两个零件，可拼接成一体（见图 6-31）。

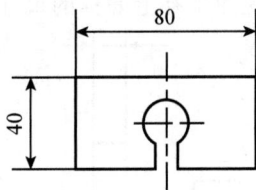

图 6-29　卷四第 3 题图 1　　**图 6-30　卷四第 3 题图 2(a)**

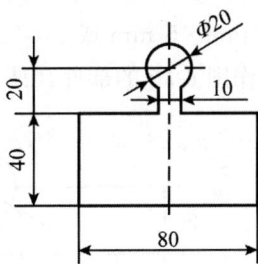

图 6-31　卷四第 3 题图 3

请完成以下任务。

(1)根据题图，计算出制作此组合工件需要的铝合金板的最小尺寸(不考虑锯缝的损耗与加工余量，以"长×宽×高"的方式表达)。

(2)如果要制作图 6-30 的部件，请在其三视图中补上漏标的尺寸。

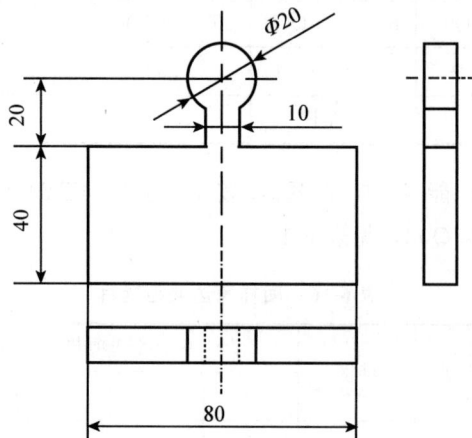

图 6-30　卷四第 3 题图 2(b)

(3)参考该组合工件的组合方式，设计一个由 4 块大小、形状完全相同的部件组合而成的方形杯垫，要求各部件之间能纵向插入，横向卡住，请用草图表达出整体形状及尺寸。

【参考答案】

(1)根据题图，计算出制作此组合工件需要的铝合金板的最小尺寸(不考虑锯缝的损耗与加工余量，以"长×宽×高"的方式表达)。

80 mm×110 mm×5 mm 或 110 mm×80 mm×5 mm。

(2)如果要制作图 6-30 的部件，请在其三视图中补上漏标的尺寸。

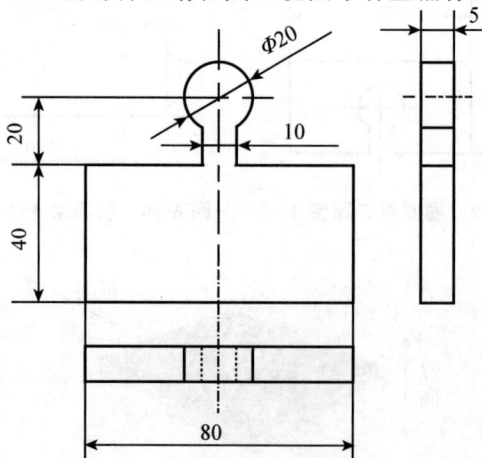

图 6-30　卷四第 3 题图 2(c)

(3)参考该组合工件的组合方式，设计一个由 4 块大小、形状完全相同的部件组合而成的方形杯垫，要求各部件之间能纵向插入，横向卡住，请用草图表达出整体形状及尺寸。

图 6-32　卷四第 3 题图 4

【评分标准】

评分标准见表 6-17。

表 6-17　评分标准

第(1)小题		
不同水平学生作答	主要特征	样例
水平 2 学生作答	能正确分析图形，得出正确结果。	80 mm×110 mm×5 mm 或 110 mm×80 mm×5 mm
水平 1 学生作答	能分析图形，有变通，计算结果有误，但与正确结果相似。	—
第(2)小题		
不同水平学生作答	主要特征	样例
水平 3 学生作答	知道要标注板的厚度，而且标注方法正确及尺寸正确。	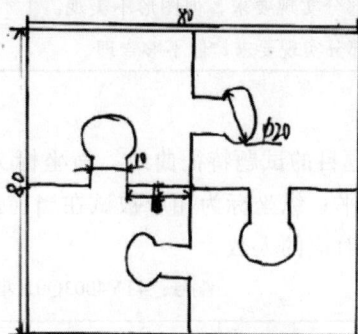
水平 2 学生作答	知道要标注板的厚度，但方法不正确。	
水平 1 学生作答	标注了其他尺寸，而且标注方法正确。	
第(3)小题		
不同水平学生作答	主要特征	样例
水平 4 学生作答	能画出草图，实现要求，而且尺寸正确。	—

水平 3 学生作答	能画出草图，实现要求，但尺寸不够合理。	—
水平 2 学生作答	草图能部分实现要求，但图形不美观。	—
水平 1 学生作答	草图能部分实现要求，但不够合理。	—

【试题特征曲线】

图 6-33 至图 6-35 是该题目的试题特征曲线。横坐标为被试在整个试卷上的总体得分率，代表被试的能力水平；纵坐标为相应被试在当前试题上的得分率；曲线上的数字表示该试卷总体得分率对应的人数。

编号：4TY4003Q01　难度：0.46　区分度：0.38

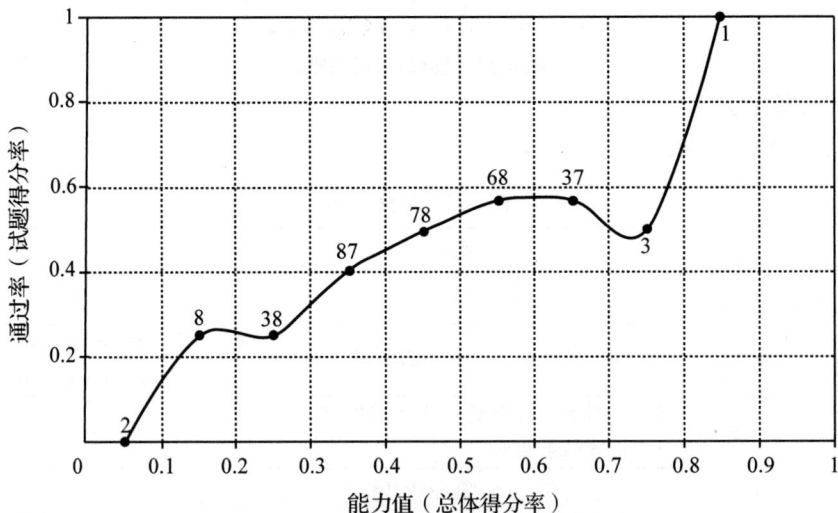

图 6-33　卷四第 3 题第(1)小题试题特征曲线

编号：4TY4003Q02　难度：0.38　区分度：0.49

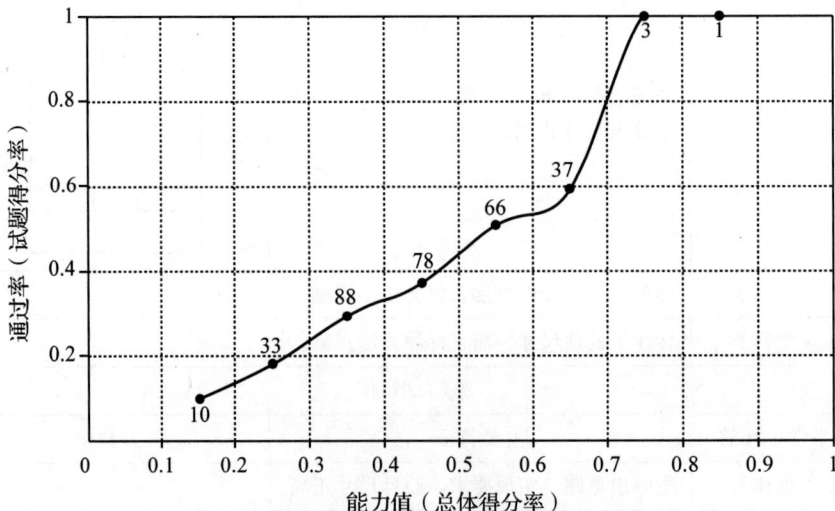

图 6-34　卷四第 3 题第(2)小题试题特征曲线

编号：4TY4003Q03　难度：0.61　区分度：0.50

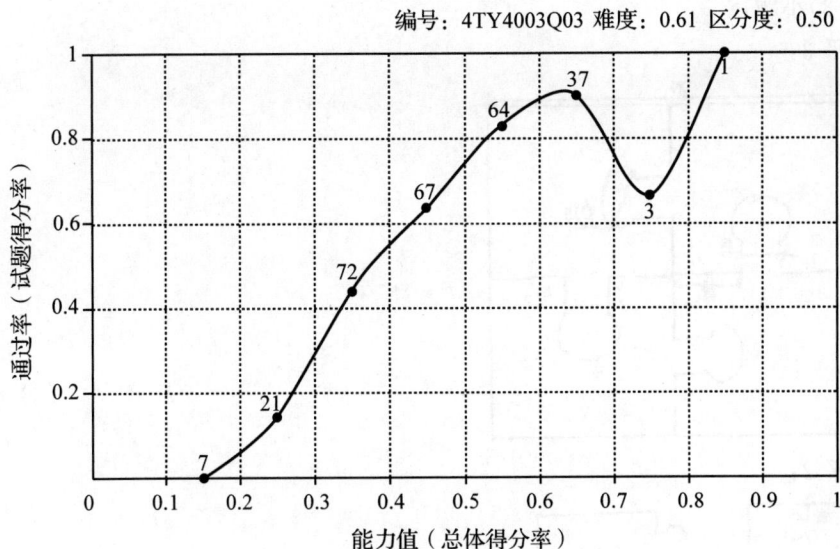

图6-35　卷四第3题第(3)小题试题特征曲线

从特征曲线分析，三道小题都呈现上升趋势，只有在个别采样人数过少的能力值区间波动较大，第(1)小题的难度为0.46，区分度为0.38，题目质量较好；第(2)小题的难度为0.38，区分度为0.49，题目质量较好；第(3)小题的难度为0.61，区分度为0.50，题目质量好。

【学生作答情况】

第(1)小题：

水平2：

$80 \times 5 \times 110$　　单位：mm

第(2)小题：

水平1：

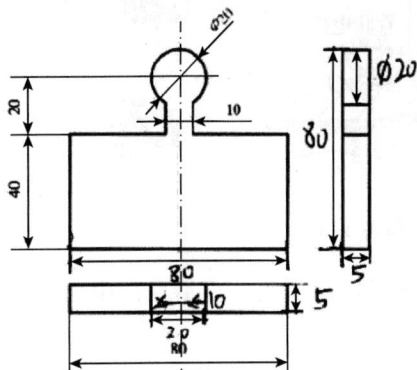

第（3）小题：

水平3：

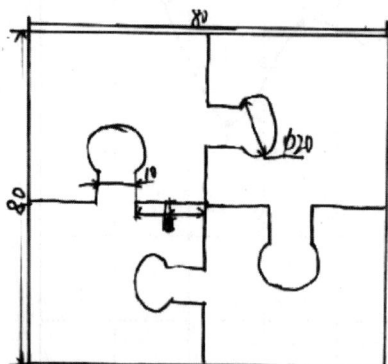

水平2：

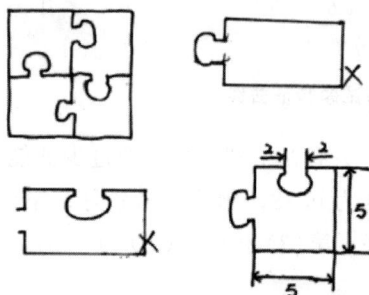

例2：卷五第5题5TY5005Q01～Q04。

图6-36是一款自动伸缩式遮阳篷的示意图。当控制器接收到传感器检测到的雨水、阳光等感应信号后，启动电机带动转轴，推动伸缩杆运动，实现遮阳篷的展开或收拢。请完成以下任务。

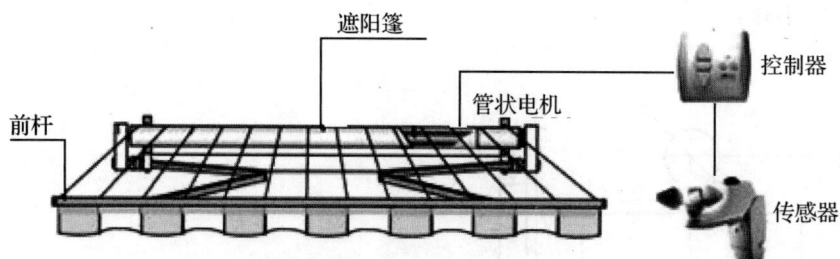

图 6-36 卷五第 5 题图 1(a)

（1）为了实现前杆前后移动的功能，要依靠可活动的关节。请在图中用圆圈标出这些关节的位置。

（2）如图 6-36 所示的伸缩杆圆圈部分采用的是铰连接，两杆之间可以绕轴转动。请用草图来绘制该连接部分的详细结构。

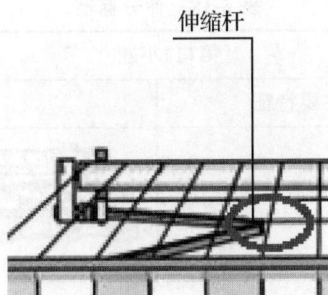

图 6-37 卷五第 5 题图 2(a)

(3)在使用过程中，发现前杆不能前伸与收回。根据示意图，分析产生问题的原因可能有哪些。

(4)现在要设计一个可自动伸缩的晾衣架，下雨时，晾衣架能自动收回。请用草图(可参考遮阳篷的设计)表达你的设计，必要时用文字说明。

【参考答案】

(1)为了实现前杆前后移动的功能，要依靠可活动的关节。请在图中用圆圈标出这些关节的位置。

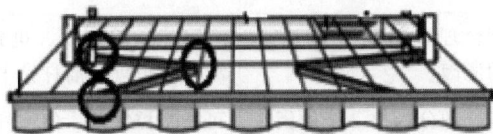

图 6-36 卷五第 5 题图 1(b)

(2)如图 6-36 所示的伸缩杆圆圈部分采用的是铰连接，两杆之间可以绕轴转动。请用草图来绘制该连接部分的详细结构。

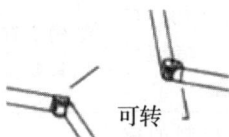

图 6-37 卷五第 5 题图 2(b)

(3)在使用过程中，发现前杆不能前伸与收回。根据示意图，分析产生问题的原因可能有哪些。

有可能是控制器、电机、伸缩杆等部件出现故障，也可能是前杆被卡住等。

(4)现在要设计一个可自动伸缩的晾衣架，下雨时，晾衣架能自动收回。请用草图(可参考遮阳篷的设计)表达你的设计，必要时用文字说明。

结构要有框架，传感器、控制器、执行器可以只要文字说明。能表达收缩。

【评分标准】

评分标准见表 6-18。

表 6-18　评分标准

第(1)小题		
不同水平学生作答	主要特征	样例
水平 1 学生作答	能标出多个活动的关节。	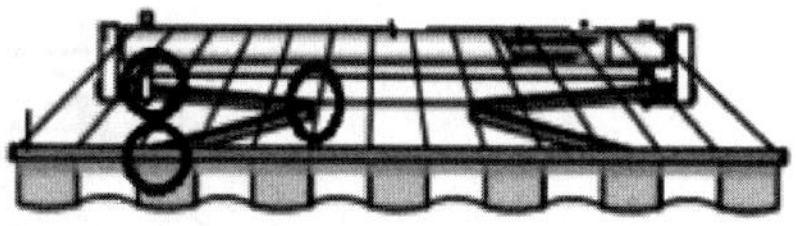

第(2)小题		
不同水平学生作答	主要特征	样例
水平 2 学生作答	作图表达准确、细节清晰。	类似如图 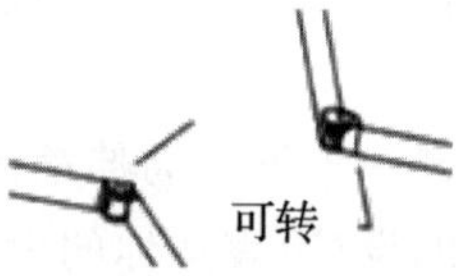 可转
水平 1 学生作答	有表达，但细节不够。	平面图、线条图。

第(3)小题		
不同水平学生作答	主要特征	样例
水平 3 学生作答	能合理分析出 2 个以上的原因。	有可能是控制器、电机、伸缩杆等部件出现故障，也可能前杆被卡住等。
水平 2 学生作答	能合理分析出 2 个原因。	可能是控制器、伸缩杆等部件出现故障。
水平 1 学生作答	能合理分析出 1 个原因。	可能是伸缩杆等部件出现故障。

第(4)小题		
不同水平学生作答	主要特征	样例
水平 5 学生作答	能提出合理的结构、控制的完整方案，结构设计的细节较丰富。	结构要有框架，传感器、控制器、执行器可以只要文字说明。能表达收缩。
水平 4 学生作答	能提出结构、控制的完整方案，结构设计的细节较粗糙。	结构能表达收缩。有控制部分的设计。
水平 3 学生作答	能提出结构、控制的较完整方案，结构设计的细节较粗糙。	参考图有主要框架，可以表达收缩。
水平 2 学生作答	能提出结构、控制方案，较好实现收缩功能。	—
水平 1 学生作答	能提出结构、控制方案，部分实现收缩功能。	—

【试题特征曲线】

图 6-38 至图 6-41 是该题目的试题特征曲线。横坐标为被试在整个试卷上的总体得分率，代表被试的能力水平；纵坐标为相应被试在当前试题上的得分率；曲线上的数字表示该试卷总体得分率对应的人数。

编号：5TY5005Q01 难度：0.37 区分度：0.38

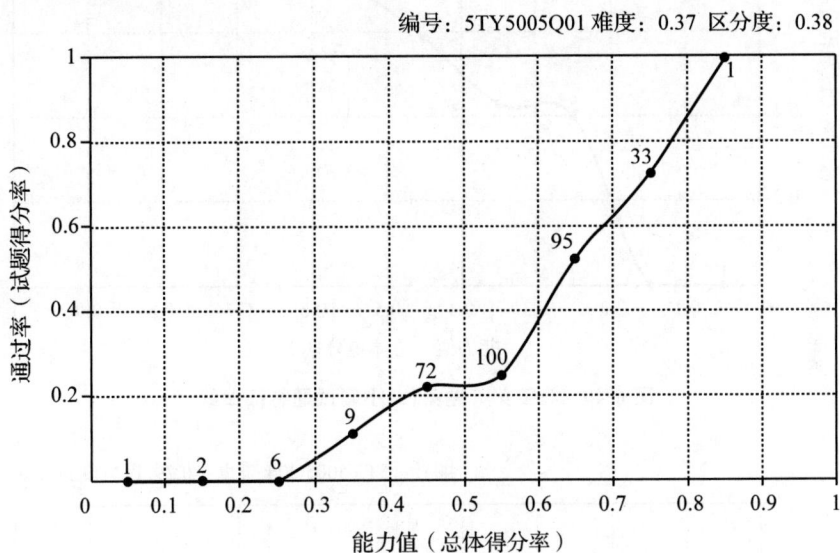

图 6-38　卷五第 5 题第(1)小题试题特征曲线

编号：5TY5005Q02 难度：0.53 区分度：0.48

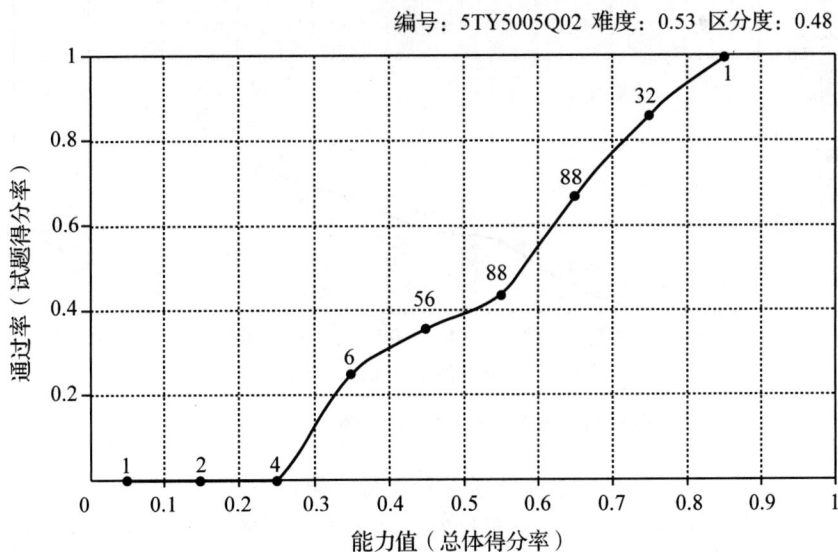

图 6-39　卷五第 5 题第(2)小题试题特征曲线

编号：5TY5005Q03 难度：0.73 区分度：0.52

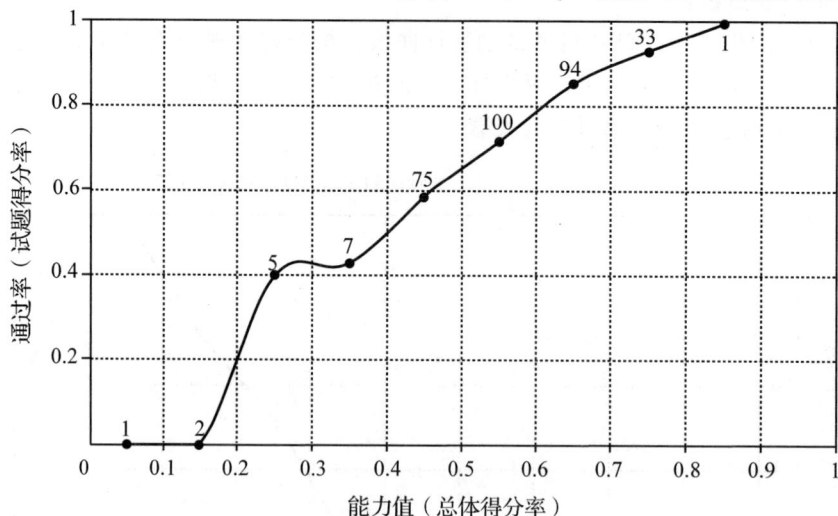

图 6-40　卷五第 5 题第(3)小题试题特征曲线

编号：5TY5005Q04 难度：0.29 区分度：0.48

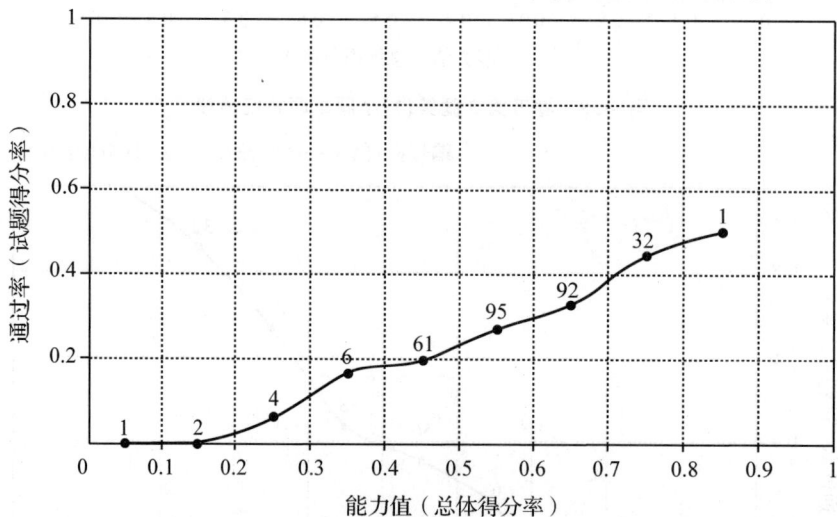

图 6-41　卷五第 5 题第(4)小题试题特征曲线

从特征曲线分析，四道小题都呈现上升趋势，第(1)小题的难度为 0.37，区分度为 0.38，通过率集中在 0.2~0.6，题目的难度较大，质量较好；第(2)小题的难度为 0.53，区分度为 0.48，题目质量较好；第(3)小题的难度为 0.73，区分度为 0.52，题目质量好；第(4)小题的难度为 0.29，区分度为 0.48，通过率集中在 0.2~0.4，题目的难度大，质量好。本题的第(1)(2)(4)三道小题能较好地反映出能力值越高的学生，通过率越高的情况，都是质量好的题目，但大部分学生对结合图样表达的结构方案设计做得不到位，造成对第(1)(4)小题难度的打分低。

【学生作答情况】

第(1)小题：

第(2)小题：

水平 2：

水平 1：

第(3)小题：

水平 3：

(a) 产生问题的原因可能有：各个杆之间连接处现损坏；控制器出现故障，无法接收来自传感器的信号；传感器损坏，无法收放信号；电机出现损坏，无法带动电机轴。

(b) 有可能是控制器、电机、伸缩杆等部件出现故障，也有可能是卡住的原因。

第(4)小题：

水平 3：

水平 2：

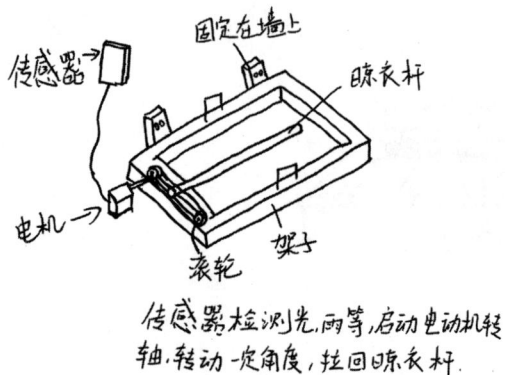

传感器检测光、雨等，启动电动机转
轴，转动一定角度，拉回晾衣杆。

水平 1：

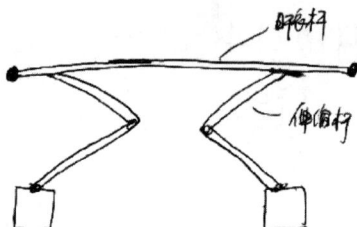

第五节　与物化能力相关的试题示例与分析

物化能力是指将意念、方案转化为有形物品或对已有物品进行改进与转化的能力。学生将知道常见材料的属性和常用工具与基本设施的使用方法，了解一些常见工艺方法；能够进行材料规划、工艺选择及其比较分析和技术试验；能够独立完成模型或产品的成型制作、装配及测试，增强动手实践与创造能力。

涉及物化能力的有 20 道题，其中有 16 道题的区分度大于 0.30，具有较好的区分度，见表 6-19。

表 6-19　物化能力题目的区分度与难度

试题	1TY1003Q01	1TY1003Q02	2TY2002Q02	2TY2003Q01	2TY2003Q02
区分度	0.24	0.43	0.34	0.22	0.25
难度	0.66	0.22	0.52	0.10	0.40
试题	2TY2003Q03	3TY3005Q01	3TY3005Q02	3TY3005Q03	3TY3006Q01
区分度	0.54	0.46	0.34	0.5	0.44
难度	0.53	0.32	0.41	0.26	0.67

试题	4TY4005Q01	4TY4005Q02	4TY4005Q03	4TY4006Q02	4TY4006Q03
区分度	0.37	0.59	0.50	0.45	0.46
难度	0.37	0.40	0.53	0.32	0.43
试题	5TY5003Q01	5TY5003Q02	6TY4005Q01	6TY4005Q02	6TY4005Q03
区分度	0.19	0.31	0.36	0.42	0.37
难度	0.06	0.44	0.38	0.35	0.42

物化能力题目中能力排序逻辑较好的有 2TY2003Q01、2TY2003Q02、2TY2003Q03、3TY3005Q01、3TY3006Q01、4TY4005Q02、4TY4005Q03、4TY4006Q02、4TY4006Q03，见表 6-20。

表 6-20 物化能力典型题目

试题	区分度	难度	各选项与总分的点二列相关					
			0	1	2	3	4	5
2TY2003Q01	0.22	0.10	−0.2	0.2	—	—	—	—
2TY2003Q02	0.25	0.40	−0.2	0.0	0.2	—	—	—
2TY2003Q03	0.54	0.53	−0.4	−0.2	0.3	0.3	—	—
3TY3005Q01	0.46	0.32	−0.4	0.2	0.4	—	—	—
3TY3006Q01	0.44	0.67	−0.4	−0.1	0.2	—	—	—
4TY4005Q02	0.59	0.40	−0.5	0.0	0.5	—	—	—
4TY4005Q03	0.50	0.53	−0.4	−0.1	0.1	0.4	—	—
4TY4006Q02	0.45	0.32	−0.3	−0.1	0.3	0.3	—	—
4TY4006Q03	0.46	0.43	−0.4	0.2	0.3	—	—	—

例 1：卷二第 3 题 2TY2003Q01～Q03。

图 6-42 是张华木工实践小组设计制作的储物柜，图 6-43 是设计的三视图，柜体分为上下两层，中间隔板放置在两侧立板内侧固定的支撑块上，底部安装万向轮，可以方便移动。请仔细观察储物柜，完成以下任务。

（1）如果框架各板之间采用钉接，钉接过程中可能会用到哪些工具？（列举两种）

（2）用自攻螺钉固定支撑块时，自攻螺钉是从柜子里面往外面钉，还是从柜子外面往里面钉。请说明理由。

（3）柜子组装后发现，中间隔板和底板突出于两侧立板，且隔板上放置物品时隔板不稳。请分析出现问题的原因，并提出改进的方案。

图 6-42　卷二第 3 题图 1　　　　　图 6-43　卷二第 3 题图 2

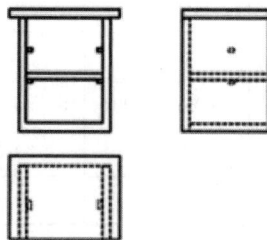

【参考答案】

(1)如果框架各板之间采用钉接，钉接过程中可能会用到哪些工具？（列举两种）

工具：锤子、直尺（卷尺）、角尺、铅笔、电钻等。

(2)用自攻螺钉固定支撑块时，自攻螺钉是从柜子里面往外面钉，还是从柜子外面往里面钉。请说明理由。

从外面向里面钉，不易拔出且不会有钉子头露在外面，同时可以保证足够的连接强度。

从里往外钉，隔板较薄，连接强度可能不够，也可能钉子太长露在外面。

(3)柜子组装后发现，中间隔板和底板突出于两侧立板，且隔板上放置物品时隔板不稳。请分析出现问题的原因，并提出改进的方案。

原因：备料图绘制时没有考虑到木板自身厚度，三视图绘制时尺寸错误，只有一个支撑块。改进：把多余部分用刨刨平，增加一个支撑块。

【评分标准】

评分标准见表 6-21。

表 6-21　评分标准

第(1)小题		
不同水平学生作答	主要特征	样例
水平 1 学生作答	能列出两种工具。	工具：锤子、直尺（卷尺）、角尺、铅笔、电钻等。
第(2)小题		
不同水平学生作答	主要特征	样例
水平 2 学生作答	能从钉子的规格和加工方法上作出判断，并从强度和安全性上进行解释。	从外面向里面钉，不易拔出且不会有钉子头露在外面，同时可以保证足够的连接强度。从里往外钉，隔板较薄，连接强度可能不够，也可能钉子太长露在外面。
水平 1 学生作答	能从加工方法上作出判断，并从安全性上进行解释。	从外面向里面钉，不会有钉子头露在外面。

第(3)小题		
不同水平学生作答	主要特征	样例
水平3学生作答	能考虑到尺寸偏差所致；能考虑到结构的稳定性，提出合理的改进方案。	原因：备料图绘制时没有考虑到木板自身厚度，三视图绘制时尺寸错误，只有一个支撑块。改进：把多余部分用刨刨平，增加一个支撑块。
水平2学生作答	能回答出其中一个原因；能考虑到结构的稳定性，提出改进方案。	—
水平1学生作答	能考虑到尺寸偏差所致或能考虑到结构的稳定性，仅能回答产生问题的原因。	—

【试题特征曲线】

图 6-44 至图 6-46 是该题目的试题特征曲线。横坐标为被试在整个试卷上的总体得分率，代表被试的能力水平；纵坐标为相应被试在当前试题上的得分率；曲线上的数字表示该试卷总体得分率对应的人数。

编号：2TY2003Q01 难度：0.10 区分度：0.22

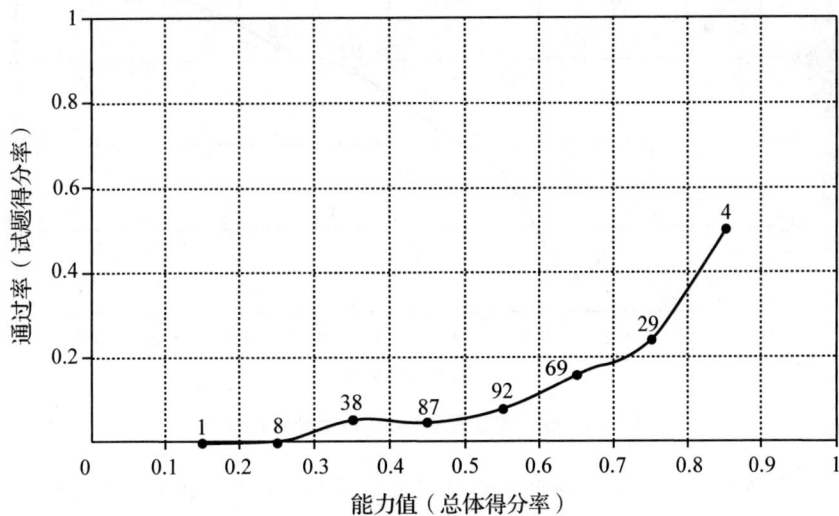

图 6-44 卷二第 3 题第(1)小题试题特征曲线

143

编号：2TY2003Q02 难度：0.40 区分度：0.25

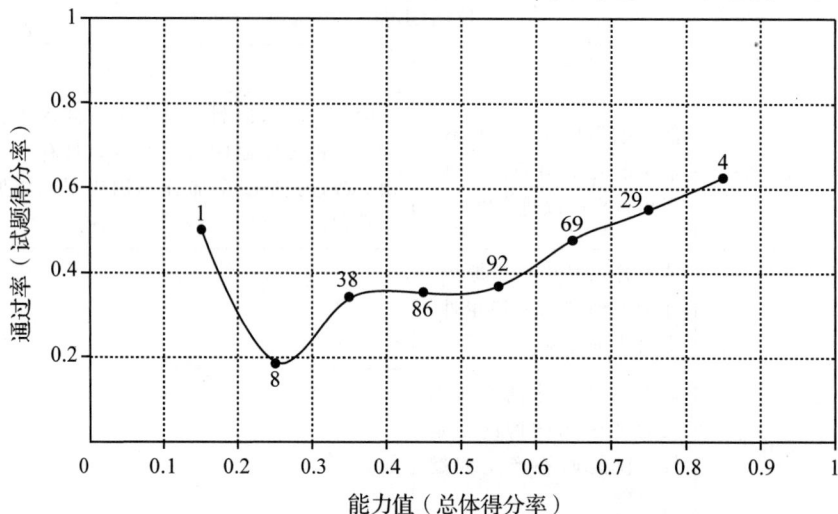

图 6-45 卷二第 3 题第(2)小题试题特征曲线

编号：2TY2003Q03 难度：0.53 区分度：0.54

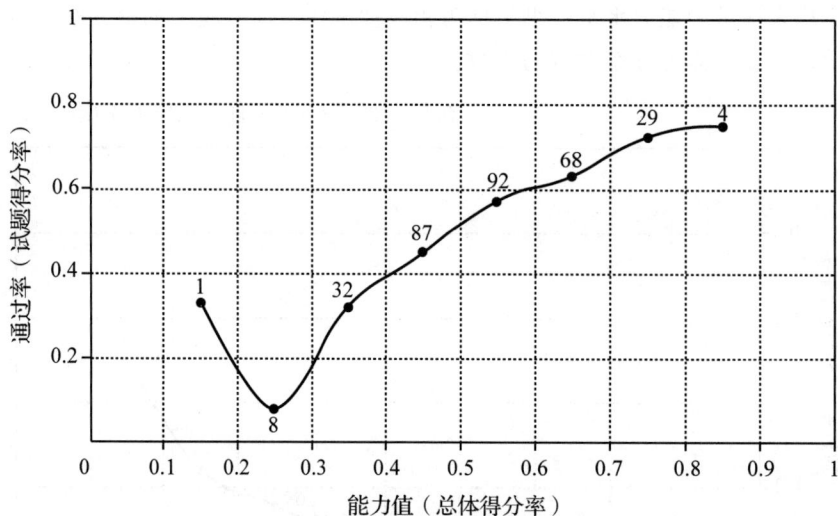

图 6-46 卷二第 3 题第(3)小题试题特征曲线

从特征曲线分析，三道小题整体都呈现上升趋势，第(1)小题的难度为 0.10，区分度为 0.22，虽然曲线总体随能力值的提升而向上，能较好地反映出能力强的学生做题的正确率也高，但整体的区分度不好；第(2)小题的难度为 0.40，区分度为 0.25，特征曲线分布基本合理，题目质量较好，答题情况反映出学生对自攻螺钉固定支撑块这种实际操作普遍难以理解，这体现出了学生的实际动手能力普遍不足；第(3)小题的难度为 0.53，区分度为 0.54，本题命题质量较好，学生能够比较好地分析一些问题存在的根源，并且能够提出一些合理的解决方案。

【学生作答情况】

第(2)小题：

水平2：

外向里打.

从结构的稳定性看 从外向里打

更稳固。从里往外打不方便，且与外棱磕

理由：结构的稳固度.

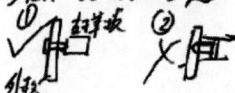

水平1：

外往里.

理由：①美观 ②稳定 ④易于操作.

第(3)小题：

水平3：

原因：隔板和底板突出于两侧立板是因为计算

隔板尺寸时未算入柜子右侧. 侧立板的厚

度.   或接触面

隔板不稳 可能是因为支撑块体积太

小. 或钉接不牢固.

方案：①. 割掉 隔板和底板多余的部分

②. 增加支撑块接触面积和整体厚度

水平 2：

（a）原因：① 设计隔板时未考虑柜子厚度与长度间的差值。

　　　　② 固定隔板的支撑块数量少、位置不佳。

　　方案：① 将隔板以侧立板宽度稍短一点的式制重制。

　　　　② 关于隔板的支撑块应采用如下图所示样制。

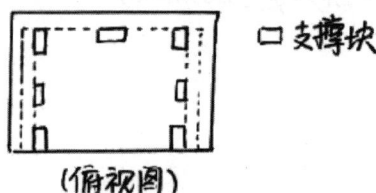

（俯视图）

（b）原因：

① 中间隔板和底板在制作的时候做得和顶板一样尺寸，而没有考虑柜子后方的侧立板的宽度制作，因此会突出侧立板。

② 设计时支撑块的数量两侧都只各有一个，且位置居中，不够很好地平衡隔板，因此在放置物品时隔板板不稳。

改进

① 将隔板和底板的宽度减小，锯掉与柜子后方侧立板等厚度的部分。

② 在侧立板后方再增加 1～2 个支撑块，使隔板更加平衡。

水平 1：

　支撑块位于侧立板两侧内部的中间，隔板放上去之后不稳定，会向两面倾斜；隔板的长度比侧立板的宽度更长。

　解决方案：支撑板应安放在侧立板宽的两端，为防止中间塌陷，中间也可安置一个。隔板应把它锯得和侧立板的宽度一样。

第七章 启示与展望

通用技术学科核心素养测评作为一次针对学科核心素养的专门测试，在测评框架设计、试题设计以及数据分析方面都尽量采用符合核心素养评价理念的方式方法。此次测试工作不仅为学科核心素养的水平划分与描述提供了建议，而且反映出学生在核心素养方面的不足，对学科评价和教学改进都有一定的启示。

第一节 学科评价理念与方式的变革

新修订的普通高中通用技术课程标准研制的学科核心素养体系，将基于核心素养的学业质量标准融入课程标准，进一步明确学科评价的方向，引导和促进学习方式与教学模式的转型，推动学科课程的变革。

贯彻落实通用技术课程标准，需要明确树立素养导向的学业质量观，深刻理解核心素养评价的性质和要求，构建促进学生核心素养发展的评价实践体系。

一、树立核心素养导向的学业质量观

以核心素养为本位的学业质量标准系统阐明了学生在普通高中阶段的素养发展水平及其具体表现特征。依据该学业质量观，学科教学和评价应重点关注学生核心素养的发展水平，考查运用技术领域的知识、技能、思维方式、价值观念等解决复杂现实问题的综合性品质，转变以学科知识点为纲，以识记、理解为主的旧的评价观。

核心素养导向的学业质量标准在内涵上有所拓展，不限于传统理解的学业成绩或考试分数，关注基于核心素养的日常评价；不仅关注技术学科知识、技能的习得，而且关注运用技术解决复杂、不确定的现实问题的能力；不仅关注知识的理解或应用，而且关注综合运用和主动创生知识；不仅关注学生学什么，而且关注如何学习和学会学习；不仅关注学生个体的自我学习，而且关注学生能否进行团队合作和有效沟通与交流。它不仅包括考试所能考查的学业成就，而且包括课堂提问、日常观察、设计方案、试验过程、作品成果等学业表现，还包括其他表现性评价等新型测评方式所能涵盖的学习结果。

二、核心素养评价的维度

核心素养评价可以从学生的学习结果和学习过程两个方面进行考查，分别对应终结性评价和形成性评价两个维度。

(一)终结性评价

终结性评价的主要方式是标准化测试。标准化测试是开发、管理、得分按照统一的程序设计的，以确保得到一致的结果，该结果可以进行有目的的对比。标准化测试能监测和评估教育系统，通过收集和分析标准化测试的结果检测目标是否达成，进而得出判断。

标准化测试包括封闭式问题(如填空、选择、判断等)和开放式问题。测试结果与学生通用技术学科核心素养发展的对应关系，取决于试题的设计水平。试题设计得科学、合理，就能够促进学生不同方面的学科核心素养的展示。

(二)形成性评价

1. 电子档案袋

在高速发展的信息社会背景下，电子档案袋作为一种评价方式正在不断发展，这种方式为核心素养发展的评价提供了新的可能性。电子档案袋可以被定义为信息的数字收集，个人可以收集、选择、创造、反思、解释、评价。它以特定的受众为目标，而且包括终身学习和个人学术、专业技能的公认证据。

电子档案袋是一个开放的网络平台，可以包含多个评价目的，着眼于学生的自主学习、自我评价。这种方式使学生的学习成为一个目标导向的过程，在学习的过程中被评价或自我评价。如果这种评价方式与核心素养的教育理念融合，同时与课程目标相一致，这将在很大程度上激发学生的积极性，培养学生自我调节、自我反思、学会学习、解决问题的能力。

2. 问卷调查

教师可以采用问卷调查的方式了解学生的思想变化、学习进度等变量。李克特式问卷(从"1"="强烈反对"到"5"="强烈同意")可以给我们很多借鉴之处。问卷的形式首先要符合调查对象的基本特点，包括封闭式问题和开放式问题，将核心素养的发展变化融合在这些问题中，如"在过去的一个月，你与同学合作活动的频率是多少?"一方面，教师可以通过学生的回答衡量学生的情感、社会能力，以便在教学过程中记录学生核心素养发展到何种程度；另一方面，问卷可以解释学生的个人表现，学生可以根据自己的回答进行自我分析，以便自我调节，融入下一阶段的学习中。

3. 教师评价

教师评价是形成性评价的主要方面。基于表现的学科核心素养评价可以以单一的观察为基础，也可以在一定时期内使用一系列真实任务对学习者进行观察。课堂表现是最直接的观察方式，教师可以在教学中设计相关的问题、任务，根据学生的回答定位学生的理解水平、思维和应用层次。要注意的是，在提问时尽量避免让学生仅仅回答是或不是，设计的问题和任务要能激发学生的讨论欲，也可以通过分组探究教学，观察学生在小组内的种种表现：是否能与其他人有效沟通和交流，能否保持良好的集体意识等。课后设计和制作任务也可以成为观察的一方面。其他如活动表现、日常行为等都可以作为教师评价的一部分。

4. 自我评价

自我评价也是形成性评价的一部分。学生对于自己的学业表现有所反思，是促进学习的重要策略。学生的自我评价可以加强教师的信息反馈。学生可以根据自己在一定时间内的表现进行反思，形成自我报告等提交给教师，教师再结合对学生的评价进行整合分析，及时将建议反馈给学生，形成良性循环，促进学生学科核心素养的发展。教师要不断提高自己的判断力，明确评价目的，学生也要不断加强自我反思的能力。

核心素养日益融入课程，核心素养的教育理念也会在各种评价中有所体现。核心素养导向的评价没有固定的模式，评价从来都不是单一的，最有效的方式便是各种方式的结合。成功的核心素养评价要保证有效性、可靠性、全面性、公平性，通过各种方法的实施来促进学生的发展。

三、正确理解考试与评价的关系

考试就功能而言是一种评价，但以往的考试大多缺乏与"人的发展"这一整体架构的有机联系，缺乏与学科教学活动、教学过程相适应的评价目标，更多的是考查学生对知识的理解和反应是什么。从评价的角度看，修订版课程标准是一个完整的评价体系，不仅罗列了评价内容，而且提供了评价标准、评价规格、命题建议等一系列指导性原则。可见，考试已不再是孤岛，而是有机地融入学科教育教学之中，成为学科教学过程中的重要一环。我们更要关注的是学生从学什么到关注如何学习和学会学习，从简单学习知识到综合运用和主动创造知识，从自我学习到关注团队协作和沟通。

美国学者格朗兰德给出了一则评价公式：评价＝测量（定量描述）＋非测量（定性描述）＋价值判断。参照这个，有学者提出将"评论—评估—评测"作为核心素养评价的综合体系。[①] 评论，指向价值性，即通过基于共同体的反思、对话、协商，实施价值判断。类似于20世纪80年代兴起的以古贝和林肯的著作《第四代评估》为标志的全新的评价变革。倡导民主的评估精神，提出了以"回应—协商—共识"为主线的评估方式。特别关注将学生从评价的边缘带入中心，使其成为课程的主人、学习和评价的主

---

① 杨九诠. 如何进行核心素养的评价[N]. 中国教育报，2017-07-27.

人。评估，指向表现性，即通过真实、多样的情境性任务，对学生的素养表现进行描述，就是通常所说的表现性评价。表现性评价，即基于真实任务的评价。评测，指向工具性，即让学生依照规则、程序，执行任务，用于测量学生的学业水平，也是多数人理解的考试，它仅是评价的一部分。

四、指向核心素养的考试的任务

针对指向核心素养的考试，要做的工作如下。

(一)研究质量标准，制订测量目标

考试的首要工作是不断深入地研究通用技术学科的学业质量标准，也就是说考试要研究的是把素养的表述转变成具体的、可操作的测量目标。

(二)关注教育教学过程，完善考试内容

形成与学科素养和学业标准相协调的考试内容体系，是考试的重要任务。考试是对素养水平和学生心智水准的测量，需要跟上教学的发展和学生的变化。考试最终用来解释学生的学科品质、学科素养、能力结构和知识运用的水平，是多维度的评价，而非单向的知识评价。考试的内容不是简单地重复教材、再现知识，而是一个以课标知识体系为依托，以学科素养为目标，以正确价值观念为指导，以必备品格为核心，以关键能力为基础的分解、整合、重构的结果。因此，试图回到以知识本位的考试方式上去，几乎是不可能的，因为仅以知识技能的再认、再现，无法满足学科核心素养考查的要求。

(三)研制测量工具，提高考试效度

修订的课程标准的出台，为打造科学的测量工具提供了契机，尤其是对学科素养的层级划分，使考试能够更好地服务于不同层级的评价需求，从而真正体现课程标准的教育特质。对于考试来说，需要在考试的指导思想，考试内容以及试卷、试题的结构，统计和评价报告的要求等各个方面体现素养的精神，考试的各个方面都面临升级。考试的有效性反映在考试的各个方面，其核心问题在测量工具的改造上，即用什么样的形式来实现考试，面临的最迫切的问题就是题型的升级和改造，打造能够体现素养教育的测量工具。

(四)控制考试难度

难度向来是考试命题的核心问题之一，尤其是在新课程标准环境下，难度直接关系到通过率和等级的划分。所有考试的指标都与难度相关，有了难度指标，其他指标才能解释考试的意义。学业质量标准将对考试的难度控制产生良好的作用。一是标准共识统领教学与考试，建立了科学的考查体系；二是为考试命题设置了底线和上限，基本上可以杜绝难度的大起大落；三是以素养层级为导向的教学，增强了学生应试的

自信。难度背后反映的仍然是知识与能力的关系问题。考试要坚持素养立意，就一定会对教育教学产生良好的导向作用。

五、指向核心素养的命题策略和注意点

指向核心素养的命题应当注重素养逻辑、学科逻辑和生活逻辑的有机统一。素养逻辑指根据试题素养指向要求，在设问上通过情境的转变和变化实现素养水平的螺旋式提升和加工；学科逻辑指回答试题时要用到通用技术知识、技能和方法，需要通用技术学习介入经验；生活逻辑指试题要基于真实生活世界。

指向核心素养的命题应当聚焦于所测试素养的核心内容。例如，图样表达的核心是技术特征分析和图形思维转换，物化能力的核心是实践经验转化。以物化能力为例，将实践经验转化为核心的物化能力，不仅是动手能力的问题，而且涉及整合知识、行为范式、隐含动作控制以及社会心理、文化特征等内容。物化能力的命题应当注重实践的不同形式，如设计、制作、试验、探究。无论哪种形式，都应体现材料、工艺、连接、挖掘涉及的行为范式、社会心理、文化特征等内容。

指向核心素养的命题注重真实、复杂、多变情境的创设。情境应当是开放的、多变的、生活化的。情境为问题的设置提供了基础，而问题又包含情境，推动情境的变化。通过情境的变化来推动所测试的素养水平的变化和测试深度的变化。

指向核心素养的命题注重在问题解决过程中反映素养水平，强调用所学的知识解决真实的、复杂的、多变的问题。基于学科核心素养的问题解决，是超越知识、技能的思维、方法的整合。命题应注意问题的典型性、拓展性和开放性，思考问题解决的点在哪里。

指向核心素养的命题应当立足意义建构视野，强调大跨度、时代感。基于学科核心素养的命题应融入时代，与当前社会、经济、科技发展相结合，体现重要的社会需求、节能、环保等元素。

第二节　对教学实践的启示与学科评价的展望

合理的教学评价不仅可以反映学生核心素养的发展情况、核心素养融入课堂的效果，而且可以为课堂实践提供大的方向，以促进学生学科核心素养的提升。

在素养导向的学习和教学观下，学习是个体在与各种情境持续的社会性互动中，不断解决问题和创设意义的过程。教育或教学的功能就在于选择或创设合理的情境，通过适当的活动来促进学习的发生，核心素养的发展就渗透在这种学习过程中的每个活动的始终。这就需要教师随时评估和了解每名学生的认识或理解、疑虑或困惑等，根据所得信息及时调整教学活动或任务。这样，评价就不再是教学过程结束后的事情，而是贯穿整个学习或教学过程。按照这种理解，基于核心素养的日常评价泛指伴

随着学习和教学过程，旨在促进学生核心素养发展的各种评价活动。

一、核心素养导向的教评结合

开展基于学科核心素养的教学评价，需要做好以下几点。

第一，整体思考核心素养、真实情境和课程内容之间的关系，分析不同课程单元的学习目标和学习任务，明确不同课程单元核心素养的具体内涵，建立素养目标与单元学习的匹配关系。

第二，结合课程内容，设计既贴近学生经验又能够承载育人价值的整合性真实情境。以此为依托，教师引导学生不断生成问题、任务或项目，自主解决任务，经历问题解决过程；从如何将学生的学习过程外显化的角度，思考如何设计问题、活动形式、资料记录方式等；在任务形式上要重视整合的开放性任务，强调不确定性的（跨）学科探究主题和社会实践活动的开展，让学生经历有现实价值的真实问题的解决过程和社会活动，为学生提供充分展示的空间。

第三，渗透在整个学习或教学过程的始终，通过多种方法，包括课堂提问、正式或非正式观察、对话、团队任务、探究项目、档案袋、发展量表、自我反思等，收集学生在不同任务、活动、场合、时间下各种形式的设计方案、制作作品或其他证据。

第四，设计与学习、教学过程相一致的拓展活动、设计作业。与指向学科知识点练习和巩固的传统作业不同，促进学生素养发展的作业、活动要有开放性，需要尽量采用真实的实践性或探究性任务、问题；要充分利用现代信息技术或数字化手段创设新颖的任务类型和评价形式，如基于 VR（虚拟现实）的计算机模拟任务、虚拟实验室、设计实践活动等。学校可以考虑采取多种任务形式，包括实验、调查、观察等，以便收集多样化、多方面的信息和证据。

第五，教师要根据学生多方面的表现，结合学业质量标准和当前课程内容，对学生核心素养的发展状况进行即时判断，根据评价结果随时改进教学，调整指导方案；教师要相信每名学生都能提高，并让这种观念成为师生共识；要帮助学生学会自我评价，了解和认清他们想要达到的学习水平、需要改进的地方，以及具体的改进方案和方式，并在此基础上提供个性化指导和学习资源。只有让学生成为学习的主人，才能真正实现促进学生核心素养发展的日常评价。

核心素养所蕴含的学习观或者教学观，体现的是与现实生活紧密相关的一些真实的问题情境。我们更倡导的是一种基于问题的学习、基于项目的技术学习。核心素养所蕴含的学习观改变的是我们原来碎片化的知识和孤立技能的习得。我们原来过分地关注确定的解题过程和标准答案；我们现在关注的是学生综合运用学科思想方法和探究技能所表现出来的这样一种学科的观念、学科的思想方法、学科的研究路径，也就是我们所倡导的关注学生综合运用学科思想方法、探究技能、结构化的知识以及价值观，创造性地去解决复杂的、不确定的现实问题。

为什么要倡导这样一种理念？未来的社会是一个不确定的社会，学生面对复杂的、不确定的现实时，到底怎么去创造性地解决，这是核心素养关注的。教学的倡导就是从关注碎片化的学科知识、技能的习得，到关注复杂的、不确定的现实问题的解决；从关注对知识的理解和反应，到关注综合运用和主动地创造知识。

二、教学与评价整合的实践

教学与评价同步发生，教学与评价最有效，核心素养的落实效果也最好，它包括以下几点。

①在备课阶段，教师不仅要备"教与学"，而且要备"评"，即准备"评价什么""怎么评价"。

②在教学过程中，教师应将评价贯穿其中，可通过前测了解学生，可通过诊断测评获得学生学习的情况。

A."是否做好了准备"，即"准备性前测"，检测学生理解学习的情况。

B."已经掌握了多少"，如通过课堂教学及时评价，调查学生对教学目标的掌握情况。

③教学走向教、学、评一体化。

A. 提前告知教学目标、评价标准，使学生主动追求核心素养。

B. 将丰富的评价嵌入教学中，同时关注"学什么"和"理解、掌握、运用得如何"。

C. 关注学生在学习中的表现，如用形成性评价发现学生的成败之处，利用诊断性评测了解学习上的困难等。

④教学结束后，进行终结性评价，了解学习效果。

三、对学科评价的展望

基于通用技术学科核心素养评价的推进策略是一个系统工程，需要多方共同努力。

第一，多主体的高度一致性。首先是不同主体，包括政策制定者、课程设计者、评价设计和实施者、学校和教师、学生和家长等在评价与教学层面的理念一致，各方认同通用技术学科核心素养，并为之共同努力。其次是政策制定、评价设计、评价实施等各个环节一致。

第二，逐步推进学业水平合格性考试与选择性考试并举。目前不少省份将通用技术学科必修模块作为全省统一组织的学业水平合格性考试的科目，浙江省从 2016 年将通用技术学科作为高等教育招生考试的选考科目，给广大考生更多选择的权力和机会。

第三，对教师能力提升的专业支持。首先，基于核心素养，努力转变教师的教学评价观念。其次，提升教师在教学和评价方面的专业水平和能力要求。

使高中生具备通用技术学科核心素养，是课程设计和实践者的追求，通过教学评价的改革来促成这种追求。我们需要应对各种挑战，更需要各种尝试和创造。教育创新的幸福和乐趣，正缘于此。